Ratkaisun aika

Matti Miettinen

Julkaisija: Seppo Johansson
Ulkoasu ja kuvitus: Seppo Johansson
Taitto: Pekan painopinta
Kustantaja: BoD–Books on Demand, Helsinki, Suomi
Valmistaja: BoD–Books on Demand, Norderstedt, Saksa
ISBN 978-952-339-664-7

Sisällys

Lukijalle

Tämän julkaisun tarkoituksena on kertoa miten varmaa ja luotettavaa on Jumalan ilmoitus hänen rajattomasta rakkaudestaan jokaista ihmistä kohtaan.

Jumala loi ihmisen onnelliseksi. Tottelemattomuus Jumalan rakkauden käskyille katkaisi yhteyden Jumalaan, onnen, ilon ja voiman antajaan. Tämän seurauksena olivat kärsimykset ja kuolema. Elämän epävarmuus, vaikeudet ja kärsimykset saavat ihmiset epäilemään Jumalan rakkautta ja tuntemaan avuttomuutensa ratkaisemaan omia ja maailman ongelmia.

Jumala hankki ihmiselle mahdollisuuden päästä uudelleen hänen yhteyteensä, kun Jumalan Poika kärsi vapaaehtoisesti kuoleman rangaistuksen, joka kuului ihmiselle. Jumalan Poika, kaiken Luoja, maailmankaikkeuden hallitsija jätti taivaan kirkkauden, tuli tähän pahaan maailmaan, puhtaalla elämällään ilmaisi Jumalan luonteen ja toimi epäitsekkäästi ja kaikkensa uhraten ihmisten hyväksi. Kuitenkin hänet tuomittiin kuolemaan. Häntä ruoskittiin, häväistiin ja pilkattiin. Hän kärsi häpeällisen ristiinnaulitsemisen. Suuren uhrinsa ansiosta hän tarjoaa anteeksiantamusta ja onnellista elämää tässä maailmassa ja kerran täydellistä, loppumatonta elämää taivaan asunnoissa.

Jumala ei vain tarjoa meille tätä kaikkea, vaan hän myös sanassaan todistaa tarjouksensa luotettavuuden niin selvällä ja ainutlaatuisella tavalla, että yksinkertaisinkin ymmärtää sen ja kriittisin ja oppineinkin ihminen tulee täysin vakuuttuneeksi Jumalan ilmoituksen ehdottomasta luotettavuudesta. Elämässämme ei voi olla mitään tärkeämpää kuin hankkia tietoa tästä Jumalan tarjoamasta ratkaisusta ihmisten hyväksi. Siksi tämä sanoma on tuotu kotiinne.

Matti Miettinen, sisätautiopin dosentti

YL 47
MARINES

1. Kärsimyksen suuri ongelma

Polttavia kysymyksiä

Miksi minulla on vaikeuksia työpaikassani? Miksi veljelläni on vaikeuksia avioliitossaan? Miksi äidilläni on niin paljon sairautta? Miksi pojallani on vaikeuksia elämäntehtävän löytämisessä? Miksi ihmisiä kidutetaan? Miksi maailmassa on niin paljon kärsimystä, sairautta ja tuskaa, vaikka Raamatun ilmoituksen mukaan kaikkivaltias Jumala on rakkaus ja loi maailman aluksi hyväksi? (1. Joh. 4:8; 1. Moos. 1:31).

Pahuuden alkuperä

Raamatun mukaan kaikki kärsimys maailmassa on synnin seurausta. Monituhatvuotisen synninharjoittamisen vuoksi ihmiskunta on syvästi rappeutunut ja raihnainen. Synti taas on Raamatussa määritelty selvästi ja yksinkertaisesti: "Jokainen, joka tekee synnin, tekee myös laittomuuden; ja synti on laittomuus" (1. Joh. 3:4). Synti on Jumalan säätämien, elämää hallitsevien lakien, niin luonnon lakien kuin moraalisten lakienkin, rikkomus. Nämä lait Jumala on säätänyt luomiensa olentojen onneksi ja siunaukseksi. Ne ovat hänen luonteensa, hänen ikuisen, rakastavan olemuksensa ilmaus. Alussa kaikki luodut noudattivat luonnostaan ja sydämensä halusta Jumalan tahtoa. "Ja Jumala katsoi kaikkea, mitä hän tehnyt oli, ja katso, se oli sangen hyvää" (1. Moos. 1:31).

Mistä paha sai alkunsa Jumalan täydellisessä luomakunnassa? Tähän kysymykseen on mahdotonta saada täydentävää vastausta. Sillä tämä vastaus sisältää perustelun ja siten myös oikeutuksen synnin olemassaololle. Raamatun mukaan synti on kuitenkin luonnottomuus, jolla ei ole olemassaolon oikeutta ja johon Jumala ei ole pienimmässäkään määrin syypää. Synti on turmiovalta, joka väistämättömästi päättyy tuhoon (Room. 6:23).

Raamatun mukaan synti sai alkunsa siten, että korkea enkeliolento ryhtyi kapinaan Jumalaa vastaan. Jesajan kirjassa häntä sanotaan kointähdeksi, aamuruskon pojaksi, mistä latinalaisperäinen nimitys Lusifer, Valonkantaja, johtuu (Jes. 14:12). Kapinointinsa ja petollisen, ihmissielujen tuhoamiseen tähtäävän toimintansa johdosta hänestä alettiin käyttää yleisesti nimitystä saatana. Raamatussa hänen lankeemuksestaan ja kapinoinnistaan Jumalaa vastaan kerrotaan kolmessa yhteydessä. Ne ovat Jes. 12–17, Hes. 28:12–17 ja Ilm. 12:7–12. Lusifer oli aluksi Jumalan seurassa suuressa loistossa. Hän oli laajalti suojaavainen kerubi, korkea enkeliolento. Jumalan syytä ei ollut, että Lusiferista löydettiin vääryys. Tämä ylpistyi suuren kauneutensa ja ihanuutensa tähden. Hän alkoi kadehtia Kristusta, Jumalan Poikaa, jonka kautta Jumala oli kaiken luonut ja joka oli yhtä Isän kanssa (Kol. 1:14–17). Lusifer halusi tulla Korkeimman vertaiseksi ja nousta jopa Jumalan yläpuolelle.

Synnin ja maailman kurjuuden syynä on ylpeys, kadehtiminen ja halu olla muita suurempi. Lusifer väitti, että Jumalan lait olivat puutteellisia ja epäoikeudenmukaisia. Niiden poistaminen lisäisi kaikkien luotujen vapautta ja onnea. Nämä kavalat väitteet saivat monia taivaan enkeleitä liittymään kapinaan.

Ihmiskunnan kärsimyksen alku

Miksi Jumala salli ihmisen tulla paholaisen pettämäksi ja langeta syntiin? Jumala ei halua pakotettua palvelua vaan ainoastaan vapaaehtoista, rakkaudesta häneen lähtevää kuuliaisuutta. Sillä ilman sitä ihmisen todellinen onni ja vapaa henkinen kasvu kävisivät mahdottomiksi. Jumala loi ihmisen täydelliseksi. Tähän täydellisyyteen kuuluu vapaus valita. Jumala ilmoitti ihmiselle onnellisen ja iankaikkisen elämän edellytykset, kuuliaisuuden ihmisen parhaaksi annetuille rakkauden käskyille. Jumala kielsi ihmistä syömästä hyvän- ja pahantiedon puusta, koska Jumala suuressa viisaudessaan ja rakkaudessaan halusi, että ihminen ei olisi koskaan oppinut tuntemaan pahan ja synnin kauhistuttavia seurauksia (1. Moos. 2:16, 17).

Miksi ihminen, vaikka Jumala olikin antanut ihmiselle selvän tiedon tahdostaan ja varoittanut häntä synnin seurauksista, kuitenkin valitsi tottelemattomuuden tien? Miten saatanan, sen vanhan käärmeen onnistui saada ihminen uskomaan häntä? Jokaisen on tärkeätä tuntea nämä keinot, koska sielunvihollinen tänäkin päivänä käyttää noita samoja tehokkaiksi osoitettuja menetelmiä johtaakseen meitä rikkomaan Jumalan käskyjä.

Ensimmäiseksi saatana koetti saada Eevan epäilemään, tarkoittiko Jumala todella sitä, mitä hän oli sanonut: "Onko Jumala todellakin sanonut" (1. Moos. 3:1). Eeva osoitti, että hän tunsi Jumalan tahdon. Toiseksi saatana väitti, että Jumalan käskyn rikkomisen seuraukset eivät olisikaan niin vakavia, kuin mitä Jumala oli sanonut: "Ette suinkaan kuole" (1. Moos. 3:4). Kolmanneksi saatana väitti, että Jumalan käskyn rikkominen toisi onnea ja avartaisi elämän kokemuksia (1. Moos. 3:5). Tänäkin päivänä saatana esittää, että Jumalan tahdon tekeminen vähentää mahdollisuuksia nauttia vapaasti ja monipuolisesti elämästä. Tämä saatanan väite on osoittautunut kohtalokkaaksi erehdykseksi. Tämän maailman kärsimykset ovat osoittaneet sen selvästi.

Miksi Jumala sallii pahan olemassaolon

Kun ensimmäinen ihmispari oli rikkonut Jumalan käskyn, olisi oikeudenmukainen seuraus ollut kuolema, syntisten hävittäminen. Suuressa rakkaudessaan ihmistä kohtaan Jumala ei kuitenkaan halunnut välittömästi tuhota ihmistä. Äärettömässä viisaudessaan Jumala näki hyväksi sallia pahuuden ja sen seuraukset kypsyä. Saatanan kapinan, synnin ja Jumalan lain rikkomisen hirvittävien seurausten oli tultava niin selvästi maailmankaikkeuden jokaisen ajattelevan olennon nähtäväksi, että kukaan ei sen jälkeen enää koskaan epäilisi Jumalan rakkautta ja hänen käskyjensä oikeudenmukaisuutta ja että synti ei enää koskaan uudelleen ilmaantuisi maailmankaikkeuteen.

2. Jumalan ratkaisu synnin ongelmaan

Jumalan laki on Jumalan luonteen ilmaus. Se on yhtä täydellinen (Ps. 19:8), pyhä, vanhurskas ja hyvä (Room. 7:12) kuin Jumalan luonnekin on pyhä, vanhurskas ja hyvä. Sen vuoksi lakia ei voi muuttaa, koska Jumalan luonnekin on muuttumaton. Jotta ihminen voisi vapautua synnin rangaistuksesta, kuolemasta, saattoi ainoastaan Luoja, lain Antaja, meidän Jumalamme Jeesus Kristus (Joh. 1:1–3) ottaa kantaakseen meidän syntivelkamme ja kärsiä sen rangaistuksen. Hän otti osakseen sen, mikä oikeudenmukaisesti kuului meille, jotta me voisimme jälleen tulla Jumalan lapsiksi. Rajattomassa rakkaudessaan Jumala valitsi äärettömän uhrausten tien ihmisen lunastamiseksi.

Iankaikkinen evankeliumi

Kautta ikuisten aikojen Jumalalla oli ollut valmiina suunnitelma ihmisten syntien sovittamiseksi (Room. 6:23). Heti syntiinlankeemuksen jälkeen Jumala ilmoitti tämän iankaikkisen evankeliumin ilosanoman ihmiselle (1. Moos. 3:15). Jumala tulisi Pojassaan ihmiseksi ja sovittaisi maailman itsensä kanssa (2. Kor. 5:19). Jeesus Kristus antautui avoimeen taisteluun saatanaa vastaan, asettui alttiiksi epäonnistumisen vaaralle, sai tässä taistelussa 1. Moos. 3:15 sanoja käyttääksemme kuolettavan "piston kantapäähänsä", kärsi suunnattomasti, mutta sai kuitenkin lopullisen voiton ja murskasi "käärmeen" eli saatanan "pään".

Jotta ihmisillä olisi säilynyt tieto tulevasta Lunastajasta ja pelastuksesta hänen sovitustyönsä kautta, Jumala velvoitti ihmiset syntiensä anteeksi saamiseksi uhraamaan syntiuhreja Jumalalle. Evankeliumi oli kätketty uhrijärjestelmän vertauskuvallisiin toimituksiin. Täydellisimpänä tämä ilmeni Israelin kansan temppelipalveluksessa. Jokainen uhrieläin, jokainen säädös, temppelipalvelun pieninkin yksityiskohta kertoi tulevan Vapahtajan uhrista, työstä ihmisen pelastamiseksi. Se oli evankeliumia vertauskuvien muodossa siihen asti, kunnes Jeesus uhrasi itsensä ristillä. Silloin varjo kohtasi todellisuuden. Seremonialaki lakkasi olemasta voimassa temppelin esiripun revetessä näkymättömän käden voimasta ylhäältä alas asti (Matt. 27:51; Hepr. 10:1; Hepr. 9:9, 10).

Jeesus vapauttaja

Kun Jumala syntyi ihmiseksi, hänessä täyttyivät kaikki Raamatun messiasennustukset. Miksi Israelin kansan papit, johtomiehet ja opettajat eivät kuitenkaan ottaneet Jeesusta vastaan? Ylpeydessään ja kunnianhimossaan he odottivat maallista hallitsijaa, joka vapauttaisi heidät vihatun Rooman ikeestä, eikä nöyrää opettajaa, joka vapauttaisi heidät synnin orjuudesta ja antaisi heille taivaallista voimaa pahan voittamiseen.

Elämänsä aikana Jeesus oli kaikessa kiusattu niin kuin mekin, mutta kuitenkin ilman syntiä (Hepr. 4:15). Siksi hän voi ja haluaa auttaa heikointakin ihmistä. Ihmisenä Jeesukselle oli kova koetus se, että hänen oma kansansa, joka tunsi Raamatun ennustukset ja jonka olisi pitänyt ottaa luvattu messias iloisena vastaan, hylkäsi hänet. Juudan kansan johtomiehet ja papit kadehtivat ja vihasivat Jeesusta haluten surmata hänet. Jeesuksen opetuslapsetkaan eivät ymmärtäneet hänen tehtäväänsä.

Getsemanen ratkaisutaistelu

Getsemanessa viimeisenä yönä ennen ristiinnaulitsemista Jeesus tunsi koko maailman syntitaakan ja sen aiheuttaman eron rakkaasta Isästään niin raskaana, että hän hikoili verta. Tänä kovimman koetuksen hetkenä Jeesus ihmisenä kaipasi ja tarvitsi mitä kipeimmin inhimillistä myötätuntoa. Jeesus pyysi opetuslapsia valvomaan ja rukoilemaan kanssaan hetken, mutta he nukkuivat.

Saatana kiusasi ankarasti Jeesusta luopumaan tehtävästään ja palaamaan rakastavan Isänsä ja taivaan enkelien seuraan.

Miksi kannattaisi antautua tappion ja iankaikkisen kadotuksen varaan näiden kurjien, kiittämättömien, kateellisten ja hänen tappamistaan suunnittelevien ihmisten hyväksi. Hänen rakkaat opetuslapsensakin tulisivat paeten hylkäämään hänet. Kärsimysten maljan tyhjentäminen tuntui Jeesuksesta tavattoman vaikealta, Isän tahtoon taipuen hän kuitenkin rukoili: "ei kuitenkaan niin, kuin minä tahdon, vaan niin kuin sinä" (Matt. 26:39).

Voitto ristillä

Jeesus joutui mitä julmimman oikeudenkäynti-ilveilyn kohteeksi. Jeesus ei lausunut yhtään sanaa, joka ei olisi ollut kunniaksi hänen taivaalliselle Isälleen. Jeesus ei koskaan tehnyt yhtään ihmettä omaksi hyväkseen. Ristilläkin Jeesus rukoili anteeksiantoa vainoojilleen. Kun hellät kädet, jotka olivat tehneet vain hyvää, lävistettiin julmilla nauloilla, ja jalat, jotka olivat vaeltaneet vain toisten auttamiseksi, iskettiin ristinpuuhun, Jeesus rukoili raakojen sotilaiden puolesta: "Isä, anna heille anteeksi, sillä he eivät tiedä, mitä he tekevät".

Golgatan ristillä Jeesus kärsi sen rangaistuksen, joka oikeudenmukaisesti kuului meille, jotta Kristuksen vanhurskaus luettaisiin meidän ansioksemme. Jokaiselle heikoimmallekin ihmiselle, myös ryövärille ristillä, tarjottiin mahdollisuus päästä jälleen Jumalan lapseksi. Meidän syntimme tuntuivat erottavan Jeesuksen ikuisesti hänen hellästä ja hyvästä taivaallisesta isästään.

Tämä tunne aiheutti Jeesuksen rakastavassa sydämessä niin hirveätä tuskaa, että se ylitti äärettömästi kovimmatkin ruumiilliset kärsimykset ristillä. Tämä tuska pusertui esiin sanoissa: "Jumalani, Jumalani, miksi minut hylkäsit". Tämä tuska mursi Jeesuksen sydämen, jotta yhdenkään meistä ei koskaan tarvitsisi kokea sitä helvetin tuskaa, minkä ikuinen ero rakastavasta, hyvästä Jumalasta aiheuttaa.

Tänä elämänsä synkimpänä hetkenä Jeesus uskoi Jumalan aikaisemmin antamiin lupauksiin, että Jumala hyväksyy hänen täydellisen uhrinsa, vaikka mikään ulkonainen asia ei tätä uskoa tukenutkaan. Tämä usko ilmeni Jeesuksen kuolinhetkenä sanoina: "Se on täytetty". Tässä uskossa hän antoi henkensä Jumalan käteen.

Elämällään ja kuolemallaan Jeesus kutoi täydellisen vanhurskauden vaipan, jota hän vielä tänään armonsa kautta tarjoaa jokaiselle uskon kautta ilmaiseksi, lahjaksi. Vain tämä Kristuksen vanhurskaus, jossa ei ole yhtään ihmiskäsin kudottua säiettä, oikeuttaa meidät taivaskotiin, jota Jeesus on mennyt valmistamaan meille kaikille.

Jeesus tuli maailmaan, jotta meillä olisi elämä ja yltäkylläisyys (Joh. 10:10). Jeesus tarjoaa meille onnellisen, iloisen, rauhan täyttämän elämän tässä pimeässä, kurjassa, pian hukkuvassa maailmassa ja kerran iankaikkisen, mitä suurenmoisimman elämän hänen luonaan. Voisiko olla mitään valtavampaa ilosanomaa kuin se, että meillä jokaisella on tällainen rakastava taivaallinen Isä, joka on tyhjentänyt rakkaassa Pojassaan kaikki taivaan aarteet meidän pelastuksemme tähden.

Pelastus vain armosta

Kristuksen uhri meidän puolestamme jäisi kuitenkin merkityksettömäksi, ellemme tulisi henkilökohtaisesti sen takaamasta pelastuksesta osallisiksi. Kristuksen sovitustyö meidän ihmisten pelastamiseksi on välttämätön meille erityisesti kahdesta syystä.

Ensiksi me kaikki olemme tehneet sellaista, mikä on väärin, mikä on syntiä. Sen vuoksi me kaikki olemme syynalaisia Jumalan edessä emmekä voi mitenkään hyvittää tekojamme. Kun omatunto nuhtelee meitä, syyllisyytemme saattaa muodostua raskaaksi. Sen vuoksi monet ovat viettäneet unettomia öitä. Kuningas Daavid kuvaili psalmissa 32 lankeemuksensa aiheuttamaa syyllisyyden tuntoansa seuraavasti: "Kun minä siitä vaikenin, riutuivat minun luuni jokapäiväisestä valituksestani. Sillä yötä päivää oli sinun kätesi raskaana minun päälläni; minun nesteeni kuivui niin kuin kesän helteessä. Sela. Minä tunnustin sinulle syntini enkä peittänyt pahoja tekojani; minä sanoin: "Minä tunnustan Herralle rikokseni", ja sinä annoit anteeksi minun syntivelkani" (Ps. 32:3–5). On ihmisiä, jotka ovat jonkin rikkomuksen takia kantaneet sielussaan vuosikausia syyllisyyden taakkaa. Se on jäytänyt heidän elinvoimaansa, eivätkä he ole toivoneet mitään niin hartaasti kuin vapautusta taakastansa.

Synnin tunnossa, syyllisyyden tunnossa olevalle ihmiselle sanoma Jeesuksen kuolemasta meidän syntiemme sovittajana on todella evankeliumi, ilosanoma. Profeetta Jesaja julisti jo 700 vuotta ennen Kristuksen aikaa Jumalan armahtavasta laupeudesta, anteeksiantavasta mielenlaadusta näin: "Tulkaa, käykäämme oikeutta keskenämme, sanoo Herra. Vaikka teidän syntinne ovat veriruskeat, tulevat ne lumivalkeiksi; vaikka ne ovat purppuranpunaiset, tulevat ne villanvalkoisiksi" (Jes. 1:18).

Uudessa testamentissa Paavali korostaa tämän anteeksiantamuksen täydellisyyttä seuraavasti: "Sen, joka ei synnistä tiennyt, hän meidän tähtemme teki synniksi, että me hänessä tulisimme Jumalan vanhurskaudeksi" (2. Kor. 5:21). Tämä teksti on mitä suurenmoisin sanoma synnintunnon painamalle ihmiselle. Jeesus otti kantaaksemme koko meidän syyllisyytemme niin täydellisesti, että mitään ei jäänyt jäljelle. Hän otti sen kohtalon, joka oikeudenmukaisesti olisi kuulunut meille, "tuli synniksi meidän tähtemme". Vastaavasti hän antaa oman puhtaan, synnittömänsä elämän meidän osaksemme. Tämä merkitsee sitä, että kun me syntejämme katuen pyydämme Jumalalta anteeksiantamusta, hän Kristuksen kuoleman perusteella pyyhkii pois kaikki meidän syntimme, ja me olemme hänen edessään Kristuksen tähden niin viattomia, kuin emme olisi koskaan mitään pahaa tehneet, olemme Jumalan silmissä yhtä puhtaita kuin Kristus.

Tämän kaiken saa syntejään katuva ja anteeksiantamusta etsivä ottaa vastaan yksinkertaisesti vain uskomalla sen todeksi omalla kohdallaan. Ei tarvita mitään parannuksentekoharjoituksia, ei mitään pyhiinvaellusmatkoja, ei mitään hyviä tekoja voidaksemme osoittaa kelvollisuutemme Jumalalle. Tarvitsee vain yksinkertaisesti uskoa Jumalan lupaus anteeksiantamuksesta. Paavali esittää tämän asian erittäin rohkeasti kärjistäen niin, että yksikertaisinkin voi sen tajuta: "Mutta joka ei töitä tee, vaan uskoo häneen, joka vanhurskauttaa jumalattoman, sille luetaan hänen uskonsa vanhurskaudeksi" (Room. 4:5). Tämä sanoma antaa kaiken vapautuksen syyllisyydestä. Tämä sanoma avaa taivaan portit.

Mutta Kristuksen uhrilla on toinenkin merkitys. Vaikka me olemmekin vastuussa kaikista tekemisistämme, toisaalta on niin, että me syntisen ihmissuvun jälkeläisinä kannamme olemuksessamme synnin aiheuttaman turmeluksen taakkaa. Jokaisella on jo syntymälahjanaan, Adamin jälkeläisenä, taipumus pahaan, synnillinen luonto. Kukaan ei ole vapaa. Daavid ilmaisee sen psalmissa 51 näin: "Katso, minä olen synnissä syntynyt, ja äitini on minut synnissä siittänyt" (Ps.51:7). Paavali ilmaisee saman asian näin: "Kaikki ovat poikenneet pois, kaikki tyynni kelvottomiksi käyneet; ei ole ketään, joka tekee sitä, mikä hyvä on, ei yhden yhtäkään" (Room. 3:12).

Synnin turmelemalle ihmiselle on mahdotonta elää puhdasta, nuhteetonta elämää. Tässä mielessä jokaisen tila on toivoton. Mutta Kristus tuli murtamaan täydellisesti pahan vallan. Kristuksen uhrissa ei ole vain syntien anteeksiantamusta. Siinä on myös voima uuteen elämään. "Mutta kaikille, jotka ottivat hänet vastaan, hän antoi voiman tulla Jumalan lapsiksi, niille, jotka uskovat hänen nimeensä" (Joh. 1:12).

Tämä ei merkitse sitä, että ihminen itsestään voisi muuttua hyväksi. Mutta kun uskon tiellä kilvoitteleva ihminen toteaa yhä uudelleen oman täydellisen kykenemättömyytensä todella puhtaaseen ja jumalalliseen elämään, hän rukouksessa kamppaillen turvautuu yhä lujemmin Jumalan armoon Kristuksessa ainoana toivonaan. Silloin kaikki ihmiskorska häviää pois. Ei ole halua enää korostaa omaa erinomaisuuttaan. Silloin Kristus on kaikki. Silloin Jumalan armo Kristuksessa on ainoa, jolla on merkitystä. Synnin alkujuuri itsekorostuksen henki kuoleutuu pois. Mutta sellainen ihminen on myös väkevä Jumalassa. Hänen jumalisuutensa ei ole hänestä itsestään. Se on Jumalan elämää hänessä uskon kautta, se on Kristuksen vanhurskautta hänessä. Sellaisen ihmisen ylle tulvii taivaan siunaus. Hänen osanaan ovat taivaan mittaamattomat aarteet jo täällä ajassa.

3. Ennustukset todisteena ja valona

Profetiat vahvistavat Raamatun arvovallan

Raamatun luotettavuutta on paljon epäilty. Monien mielestä se on vain tavallinen kirja, ihmisten kirjoittama niin kuin muutkin kirjat. On kuitenkin myös paljon ihmisiä, jotka ovat vakuuttuneita siitä, että Raamatun sisältö on Jumalan ilmoitusta ihmiselle, vaikka hän onkin käyttänyt ihmisiä välikappaleinaan sanomansa ilmoittamisessa. Yksi voimakkaimpia todisteita Raamatun jumalallisesta alkuperästä kaikkein kriittisimmällekin ihmiselle ovat Raamatun toteutuneet ennustukset. Ainoastaan kaikkitietävä Jumala voi vuosituhansia etukäteen tarkasti ilmoittaa, mitä tulee tapahtumaan. ”Esittäkää todisteenne, sanoo Jaakobin kuningas. – Ilmoittakaa, mitä vastedes tapahtuu, tietääksemme, oletteko te jumalia” (Jes. 41:21, 23). He ilmoittakoot tulevaiset, ja mitä tapahtuva on” (Jes. 44:7). Jumala on antanut Raamatun ennustukset todisteeksi oikeasta Jumalasta ja myös valoksi tämän maailman pimeyteen (2. Piet. 1:16–18). Raamatun ennustuksissa näkyy taivaan Isän huolehtivaisuus ja rakkaus ihmistä kohtaan. Jumalan tahto on, ettei kukaan olisi pimeydessä, vaan tietäisi, mitä tulee tapahtumaan ja ottaisi vaarin Raamatun ennustusten sanomasta (Ilm. 1:3; 22:7, 10).

Vanhassa testamentissa Danielin kirja ja Uudessa testamentissa Ilmestyskirja ovat Raamatun keskeisiä profeetallisia kirjoja. Kun näitä Raamatun ennustuksia tutkii, näkee, miten yksinkertaisella ja selvällä tavalla Jumala ennustaa tulevia tapahtumia. Silloin usko Raamatun kaikkivaltiaan Jumalaan ilmoituksena lisääntyy. Silloin saa myös kirkasta valoa aikamme pimeyteen.

Ilmestyskirjan ensimmäisessä luvussa Jeesus vakuuttaa: "Autuas se, joka lukee, ja autuaat ne, jotka kuulevat tämän profetian sanat ja ottavat vaarin siitä, mitä siihen kirjoitettu on" (Ilm. 1:3). Viimeisessä luvussa hän toistaa tämän autuuslupauksen: "Autuas se, joka ottaa tämän kirjan ennustuksen sanoista vaarin" (Ilm. 22:7).

Maailmanhistoria pähkinänkuoressa

Danielin kirjan toisessa luvussa kerrotaan, miten Babylonin kuningas Nebukadnessar näki tärkeän unen, jonka hän unohti. Hovin viisaat eivät osanneet ilmoittaa unta eikä sen selitystä. "Mutta on Jumala taivaassa: hän paljastaa salaisuudet" (Dan. 2:28). Daniel sai Jumalalta unen ja sen selityksen. Kuningas näki suuren kuvapatsaan, jonka pää oli kultaa, rinta ja käsivarret hopeata, sen vatsa ja lanteet vaskea, sen sääret olivat rautaa, sen jalat osaksi rautaa, osaksi savea. Vuoresta irtautui kivilohkare – ei ihmiskäden voimasta ja iski kuvapatsaan jalkoihin. Silloin koko kuvapatsas musertui. Kivestä tuli suuri vuori ja se täytti koko maan (Dan. 2:31–35).

Neljä maailmanvaltaa

Tämän kuvapatsaan osat kuvasivat neljää toistaan seuraavaa maailmanvaltaa, joista ensimmäinen Babylonia (Dan. 2:38–40). Nebukadnessarille sanottiin: "Sinä olet se kultainen pää" (Dan. 2:38). Kun ensimmäinen näistä neljästä maailmanvallasta on selvästi ja suoraan ilmoitettu, ei meidän tarvitse muuta kuin katsoa vanhan ajan historiateosten sisällysluetteloon, niin näemme, että Babylonin jälkeen maailmanvallaksi tuli Meedia-Persia, sen jälkeen seurasi kreikkalaismakedonialainen maailmanvalta Aleksanteri Suuren toimesta ja neljäntenä rautainen Rooma. Se, että kuvapatsaanjalat ja varpaat olivat osaksi rautaa ja osaksi savea merkitsee, että neljäs valtakunta tulisi hajoamaan (Dan. 2:41). Näin tapahtuikin, kun Rooman maailmanvalta hajosi kansainvaelluksen aikana. Länsi-Rooman raunioille syntyi kymmenen valtakuntaa, kuten jaloissa oli kymmenen varvasta. Nämä kansakunnat olivat alemannit, frankit, burgundit, sveevit, vandaalit, länsigootit, anglosaksit, itägootit, longobardit, ja herulit. Kaikkina aikoina luku kymmenen on parhaiten osoittanut Länsi-Rooman raunioille syntyneiden valtakuntien lukumäärän. Tälläkin hetkellä näiden valtakuntien lukumäärä on kymmenen. Ne ovat Italia, Itävalta, Sveitsi, Ranska, Saksa, Englanti, Hollanti, Belgia, Espanja, Portugali. Osa näistä valtakunnista on luja kuin rauta ja osa hauraita kuin savi (Dan. 2:42).

Eurooppa ei yhdisty

Näistä valtakunnista voimakkaimpien yhtenä keskeisenä tavoitteena on vuosisatojen kuluessa ollut pyrkimys yhdistää ne toinen toiseensa (Dan. 2:43). Yhä uudestaan ja uudestaan on Rooman maailmanvallan kukistumisen jälkeen ilmaantunut Euroopassa yrityksiä yhdistää sen hajanaiset osat toisiinsa erilaisin keinoin. Tähän on pyritty hallitsijoiden välisillä avioliitoilla eli "ihmissiemenellä". Kaarle Suuri, Napoleon, keisarillinen Saksa ja Hitler pyrkivät siihen sodilla ja onnistuivatkin melko pitkälle. Nykyisin tähän pyritään EEC:n avulla (nykyään EU:n avulla). Dan. 2:43 ennustaa kuitenkin selvästi, että tällaiset pyrkimykset eivät tuota pysyvää tulosta. "Että sinä näit rautaa olevan saven seassa, se merkitsee, että vaikka ne sekaantuvat toisiinsa ihmissiemenellä, ne eivät yhdisty toinen toiseensa, niin kuin ei rautakaan sekaannu saveen". Kaikkitietävän Jumalan ilmoitus "ne eivät yhdisty toinen toiseensa" osoittaa, että kaikki yritykset sulattaa nämä kansat yhdeksi kokonaisuudeksi tulevat epäonnistumaan.

Kristus perustaa valtakunnan

Mutta Daniel jatkoi näyn selostamista edelleen näin: "Mutta niiden kuningasten päivinä on taivaan Jumala pystyttävä valtakunnan, joka on kukistumaton iankaikkisesti ja jonka valtaa ei toiselle kansalle anneta. Se on musertava kaikki ne muut valtakunnat ja tekevä niistä lopun, mutta se itse on pysyvä iankaikkisesti" (Dan. 2:44).

Me elämme nyt näiden kuningasten päivinä, jolloin Jumala perustaa iankaikkisen valtakuntansa (Dan. 2:44). Mikä on se kivi, joka murskaa maalliset valtakunnat ja täyttää koko maan? Kristusta verrataan Raamatussa kiveen, jonka rakentajat hylkäsivät, mutta josta tulee kulmakivi (Matt. 21:42). Ainoa toteutumaton kohta tässä ennustuksessa on Kristuksen takaisin tulo kunniassaan ja kirkkaudessaan. Kun Jeesus tulee lukemattomine enkeleineen suurella voimalla ja kirkkaudella suuren pasuunan pauhatessa, kuuluu Kristuksen voimakas, mutta hellä ja rakastava ääni uskossa Vapahtajaan poisnukkuneiden korviin. Kaikkien aikojen pelastetut nousevat haudoistaan. Kristuksen tullessa elossa olevat ja kuolleista herätetyt pelastetut saavat kuolemattomuuden, ikuisen nuoruuden ja terveyden. Kristus lähettää enkelinsä suuren pasuunan pauhatessa ja he kokoavat hänen valittunsa ja he saavat kohdata toisensa ja rakkaan Lunastajansa tarvitsematta enää koskaan erota. Ylistyslaulujen kaikuessa he nousevat yhdessä riemuitsevina ylös Jumalan kaupunkiin, taivaskotiin (Matt. 24:27, 30, 31; 1. Tess. 4:13–18; 1. Kor. 15:51–54).

Miten riemullista onkaan tietää, että taivaassa on Jumala, joka ohjaa ja johtaa maailman valtakuntien kohtaloita. Ja että hän jo pian tulee tekemään lopun kaikesta tämän maailman kurjuudesta ja kärsimyksistä. Hän tuo loputtoman riemun ja onnen niille, jotka nyt, kun vielä on armon aika, haluavat ottaa sen vastaan. Voisiko meidän elämässämme olla mitään tärkeämpää kuin saada lisää tietoa tällaisesta Jumalasta, hellästä rakastavasta taivaallisesta Isästä, joka on maksanut niin äärettömän kalliin hinnan jokaisen meidän pelastuksestamme.

Jeesuksen ennustus hänen takaisintulonsa merkeistä

Danielin kirjan 2. luvun profetia osoittaa siis selvästi, että me elämme siinä ajassa, jolloin voimme odottaa Jeesusta tulevaksi takaisin perustamaan iankaikkisen onnen ja rauhan valtakuntansa maan päälle. Suuressa profetiassaan maailmanlopun merkeistä Jeesus valotti lähemmin niitä olosuhteita, jotka vallitsevat maailmassa silloin, kun hän tulee takaisin. Kun opetuslapset kysyivät Jeesukselta: "mikä on sinun tulemuksesi ja maailmanlopun merkki"? Jeesus sai aiheen tähän suureen profetiaansa. Se on muistiin merkittynä Matteuksen evankeliumin 24. luvussa., Markuksen evankeliumin 13. luvussa ja Luukkaan evankeliumin 21. luvussa. Kaikkina aikoina kristityt ovat kaihoten tarkkailleet näiden merkkien täyttymistä. Me saamme nähdä niiden olevan totta meidän aikanamme.

Opetuslasten kysymykseen hänen tulemuksensa merkeistä Jeesus vastasi: "Te saatte kuulla sotien melskettä ja sanomia sodista; katsokaa, ettette peljästy. Sillä näin täytyy tapahtua, mutta tämä ei ole vielä loppu" (Matt. 24:16). Sotia on ollut aina. Tämä ei sinänsä todista mitään Jeesuksen takaisintulon läheisyydestä. Mutta Jeesus jatkoi: "Sillä kansa nousee kansaa vastaan ja valtakunta valtakuntaa vastaan" (Matt. 24:7). Kaksi viimeistä maailmansotaa ovat olleet todella totaalisia kansakuntien ja valtakuntien välisiä sotia aikaisempiin lähinnä palkkasoturiarmeijoiden sotiin verrattuina.

"Ja nälänhätää ja maanjäristyksiä tulee monin paikoin" (Matt. 24:7). On hämmästyttävää, että nykyaikaisen tekniikan aikana sadat miljoonat ihmiset kärsivät ravinnon puutteesta ja miljoonat kuolevat ylensyötiin liittyviin sairauksiin.

Tuhoisat maanjäristykset ovat viime aikoina lisääntyneet voimakkaasti. Tiedemiehet pyrkivät esittämään monia syitä maanjäristyksille. Jeesus sanoo kuitenkin, että maanjäristykset julistavat voimakkaasti hänen takaisintulonsa läheisyyttä.

"Ja sen tähden, että laittomuus pääsee valtaan, kylmenee useimpien rakkaus" (Matt. 24:12). Rikollisuuden ja Jumalan lain väheksymisen lisääntyminen viime vuosikymmenien aikana täyttävät Jeesuksen ennustusta.

"Ja tämä valtakunnan evankeliumi pitää saarnattaman kaikessa maailmassa todistukseksi kaikille kansoille, ja sitten tulee loppu" (Matt. 24:14). Jumala on päättävä työnsä maan päällä lopullisesti ja rutosti, tavattomalla nopeudella, Pyhän Hengen voimalla.

Ennen Jeesuksen takaisintuloa kansoilla on ahdistusta ja epätoivoa. "Ja ihmiset menehtyvät pelätessään ja odottaessaan sitä, mikä maanpiiriä kohtaa, sillä taivaitten voimat järkkyvät" (Luuk. 21:25, 26). Maailmassa on nykyään pelkoa ja ahdistusta enemmän kuin koskaan ennen. Ihmiset pelkäävät atomisodan syttymistä, maan, veden ja ilman saastumista, taloudellista lamaa, työttömyyttä ja vaikeita ihmissuhteita. Tarvitseeko Jeesukseen uskovien ja häntä odottavien pelätä mitään? Ei tarvitse. Jeesus sanoo: "Mutta kun nämä tapahtuvat, niin rohkaiskaa itsenne ja nostakaa päänne, sillä teidän vapautuksenne on lähellä" (Luuk. 21:28).

Raamattu ennustaa, että ennen Jeesuksen takaisintuloa, viimeisinä päivinä on tuleva vaikeita aikoja. "Ihmiset ovat rahanahneita... vanhemmilleen tottelemattomia... väkivaltaisia... hekumaa enemmän kuin Jumalaa rakastavia; heissä on jumalisuuden ulkokuori, mutta he kieltävät sen voiman (2. Tim. 3:1–5). Maailmassa on nykyään paljon kristillistä ulkokuorta, mutta evankeliumin elämää muuttava voima kielletään usein.

On suurenmoista tietää, että maailman näennäisestä kaaoksesta huolimatta kaikkitietävä, rakastava hyvä Jumala kuitenkin ohjaa maailman tapahtumia ja tarjoaa jokaiselle kalliisti ostettua pelastusta, onnellista elämää tässä maailmassa ja kerran mitä ihmeellisintä, loppumatonta rakkauden, ilon ja onnen täyttämää ikuista elämää.

4. Suuri ennustus antikristuksesta

Danielin uusi profetia

Samat neljä maailmanvaltaa, jotka esiintyvät Danielin kirjan toisen luvun profetiassa, esitetään myös Danielin kirjan seitsemännessä luvussa. Tässä uudessa profetiassa kerrataan aluksi jo aikaisemmin tutkittua asiaa, niin että lukija pääsisi selville, mistä on kyse. Sen jälkeen esitetään uusia tärkeitä asioita. Niissä keskitytään erityisesti kuvaamaan suurta antikristillistä valtaa, joka eksyttävän ja vainoavan luonteensa vuoksi on vakavana vaarana Jumalan kansalle. Kyseiset neljä maailmanvaltaa Daniel näki nyt petojen muodossa. Hän näki nyt, miten neljä tuulta kuohutti suurta merta. Raamatun vertauskuvallisissa ennustuksissa tuulet kuvaavat sotia ja suuret vesimäärät väkijoukkoja ja kansoja (Ilm. 17:15). Merestä nousi neljä suurta petoa (Dan.7:3). Pedot kuvaavat valtakuntia (Dan. 7:23).

Leijona – Babylonia

Ensimmäistä valtakuntaa eli Babyloniaa kuvataan leijonana, jolla oli kotkan siivet (Dan. 7:4). Tämä kuvaa sattuvasti sitä nopeutta, jolla Babylonia kehittyi maailmanvallaksi. Siipien repäiseminen pois kuvaa sen valloitusten päättymistä. Leijona "asetettiin kahdelle jalalle niin kuin ihminen ja sille annettiin ihmisen sydän". Tämä kuvaa sen soturikansan muuttumista kesyksi, inhimilliseksi, mukavuutta rakastavaksi, juhlista ja juomingeista nauttivaksi kansaksi. Tällaisten juhlien aikana Meedia-Persia valloitti Babylonin pääkaupungin ja koko valtakunta kukistui.

Jo koulupoikana tutkiessani näitä Raamatun ennustuksia vertailin koulussa lukemaani K. O. Lindeqvistin Vanhan ajan historian oppikirjaa näihin yli 2000 vuotta vanhoihin ennustuksiin ja olin hämmästynyt miten tarkoin Raamatun ennustukset ovat toteutuneet. Lainaan tästä oppikirjasta, joka on monille lukijoille tuttu, eräitä kohtia.

"Uus-Babylonian valtakunta, kohosi mahtavaksi Nebukadnessarin aikana… Mutta lyhytaikainen oli Uus-Babylonian valtakunta; Länsi-Aasiassa oli muodostumassa uusi suurvalta, Persia, jonka kuningas Kyyros teki siitä lopun" (s. 34).

Karhu – Meedia-Persia

Toista maailmanvaltaa eli Meedia-Persiaa kuvaa karhu, joka "nostettiin toiselle kyljellensä ja sillä oli suussa kolme kylkiluuta" (Dan. 7:6). Toisella kyljellään lepäävä karhu kuvaa sattuvasti Meedia-Persian kaksoisvaltakuntaa, jonka mahti lepäsi Persian varassa. Meedia oli kuitenkin Persian kanssa tasa-arvoinen, kuten karhun kyljet ovat tasa-arvoisia. Em. historian oppikirjasta luemme: "Persialaiset olivat karaistua kansaa. Heidän keskuudessaan ilmaantui suuri valloittaja, Kyyros, joka ensin oli Meedian kuninkaan vaaliruhtinas, mutta sitten otti vallan itselleen (v. 550) tehden perialaiset vallitsevaksi kansaksi; meedialaiset olivat kuitenkin heidän kanssaan tasa-arvoisia". Kolme kylkiluuta karhun suussa kuvaavat niitä kolmea valtakuntaa, jotka Meedia-Persia valloitti saaliikseen. Sama historian oppikirja kertoo niistä näin: "Kyyros hävitti sitten Lyydian valtakunnan, jonka hallitsija oli rikkaudestaan kuulu Kroisos. Sen jälkeen hän valloitti Babylonian. Kyyros kuoli v. 529 ja hänen poikansa laajensi valtakuntaa valloittamalla Egyptin". Nämä ovat kolme kylkiluuta.

Pantteri – kreikkalaismakedonialainen valtakunta

Meedia-Persian hallitsijat eivät noudattaneet Jumalan antamia vanhurskauden periaatteita sen paremmin kuin aikaisempienkaan valtakuntien hallitsijat. Niin koitti tällekin mahtavalle valtakunnalle kukistumisen aika. Em. Kirjasta luemme, miten Aleksanteri Suuren kreikkalaismakedonialainen valtakunta kukisti suhteellisen pienellä sotajoukolla Meedia-Persian valtaisan armeijan. "Sillä välin Dareios oli koonnut suuren sotajoukon, jossa sanotaan olleen 600 000 miestä. Aleksanteri meni vastaan, ja Issoksen luona Kilikiassa hän voitti sen perin pohjin. Sitten hän lähti jälleen Dareiosta vastaan, jonka hän voitti Tigris-virran luona Arbelan kentällä (331), vaikka persian sotajoukko oli vielä suurempi kuin Issoksen taistelussa ja hänellä itsellään oli vain 50 000 miestä" (s. 91).

Kolmatta maailmanvaltaa, Aleksanteri Suuren Kreikkaa kuvataan pantterina, jolla oli neljä linnunsiipeä. "Sillä pedolla oli neljä päätä ja sille annettiin valta " (Dan. 7:6). Pantteri on nopea eläin. Kun sillä oli neljä linnunsiipeä, on meillä kuva siitä tavattomasta nopeudesta, jolla Aleksanteri Suuren Kreikka kehittyi maailmanvallaksi. Hän kuoli 33-vuotiaana luotuaan valtakunnan, joka ulottui Euroopasta Intiaan asti. Aleksanterin kuoltua hänen neljä sotapäällikköään jakoivat vallan, mitä pedon neljä päätä kuvaavat. Aleksanteri ei olisi pystynyt näihin valloituksiin, jollei kaikkivaltias Jumala olisi ohjannut tapahtumia ennalta ilmoitetun suunnitelman mukaan.

Rautahampainen peto – Rooma

Neljättä maailmanvaltaa kuvasi peto, joka oli "kauhea, hirmuinen ja ylen väkevä; sillä oli suuret rautaiset hampaat, ja se söi ja murskasi ja tallasi tähteet jalkoihinsa" (Dan. 7:7), kuten Rooman rautainen soturikansa teki. Em. Historian kirjasta luemme: "Roomalaiset olivat etupäässä soturikansaa. Sodilla he yhdistivät samaan valtioon kaikki vanhan ajan sivistyskansat, mutta he liittivät siihen myös Länsi-Euroopan kelttiläiset kansat, jotka siten tulivat historian piiriin. Rooman valtakunta oli muodostunut pitemmän ajan kuluessa kuin Persian tai Aleksanteri Suuren valtakunnat ja se oli paremmin järjestetty kuin ne, jonka vuoksi se saattoi kauemmin pysyä koossa" (s. 167).

Antikristus ilmaantuu

Tähän asti Danielin kirjan seitsemännen luvun profetia on kuvannut samoja asioita kuin toisen luvun kuvapatsasnäkykin, tosin osittain seikkaperäisemmin ja eri näkökulmasta. Kun seitsemännen luvun profetia ryhtyy nyt kuvaamaan neljännen valtakunnan Rooman jakautumista niihin osiin, jotka kuvattiin jo kuvapatsasnäyssä, se keskittyy erityisesti Jumalaa vastustavan antikristillisen vallan seikkaperäiseen selvittämiseen, mikä ei vielä kuvapatsasnäyssä tullut esille.

Neljännellä pedolla oli kymmenen sarvea, jotka kuvaavat niitä kymmentä valtakuntaa, jotka syntyivät kansainvaellusten aikana Länsi-Rooman raunioille. Kahdeksannessa jakeessa kerrotaan sitten pienestä sarvesta, joka puhkesi niiden kymmenen sarven välistä. Siinä on kysymyksessä valta, joka kehittyy mahtitekijäksi Rooman maailmanvallan kukistumisen jälkeen Euroopan valtakuntien keskellä. Daniel halusi saada lisää tietoa neljännestä pedosta, sen kymmenestä sarvesta ja erityisesti siitä sarvesta, joka puhkesi niiden välistä (Dan. 7:19, 20). Jakeissa Dan. 7:8, 20, 21, 24, 25 esitetään pienen sarven tuntomerkit. Näistä jakeista löydämme Jumalaa vastustavan ja Korkeimman pyhiä tuhoavan antikristillisen vallan eli antikristuksen kymmenen selvää tuntomerkkiä, joiden avulla voimme varmuudella sanoa, mistä vallasta on kysymys. Seuraavassa ovat nämä kymmenen tuntomerkkiä, ensin Raamatun esittämänä profetiana ja sitten niiden täyttymys historiassa.

Antikristuksen kymmenen tuntomerkkiä

1) "Ja heidän jälkeensä nousee eräs muu" (Dan. 7:24). Mikä valta kehittyi mahtitekijäksi Rooman maailmanvallan kukistumisen ja kansainvaellusten aikana syntyneen kymmenen valtakunnan nousun jälkeen? Historiaa tunteva lukija voi päätellä, että keskiajan katolinen kirkko, paavinvalta, kehittyi mahtavaksi vallaksi 500-luvulta alkaen.

Sopivatko näiden muiden jakeiden tuntomerkit täsmällisesti tähän valtaan?

2) "Eräs muu pieni sarvi puhkesi niiden välistä" (Dan. 7:8). Paavinvalta ei ollut mikään näistä kymmenestä valtakunnasta. Sen sijainti oli keskeinen.

3) "Ja kolme edellisistä sarvista reväistiin pois sen edestä" (Dan. 7:8). Mainituista kymmenestä valtakunnasta areiolaiset valtakunnat vastustivat Rooman piispan eli paavin ylivaltaa ja olivat siten paavinvallan nousun tiellä. Osa näistä luopui vastustuksesta ja säilyivät kansakuntina. Kolme areiolaiseksi jäänyttä valtakuntaa kukistettiin. Herulit kukistettiin v. 493 jKr., vandaalit v. 534 jKr. V. 538 jKr. karkotettiin itägootit Roomasta ja pian sen jälkeen heidät tuhottiin lopullisesti. Kolme vastustavaa valtakuntaa oli reväisty pois paavinvallan edestä. Paavinvallan valtakauden voidaan siten katsoa alkaneen v. 538 jKr.

4) "Hän oli erilainen kuin edelliset" (Dan. 7:24). Kymmenen valtakuntaa olivat tavallisia valtioita. Paavinvalta oli uskonnollis-valtiollinen mahti. Tässä suhteessa se oli todellakin erilainen kuin muut valtakunnat.

5) "Joka näytti suuremmalta kuin muut" (Dan. 7:20). Paavinvallan keskiaikainen mahti ei perustunut suureen alueeseen tai voimakkaaseen armeijaan kuten muiden. Se kohosi Euroopan mahtavimpien valtakuntien hallitsijoiden yläpuolelle ja todella "näytti suuremmalta kuin muut". Paavi Gregorius VII julisti mahtavan Saksan keisarin Henrik IV:n pannaan ja kirjoitti hänestä: "Ja vaikka tämä Henrik oli hyvin urhoollinen keisari, joka 62 kertaa oli seissyt vihollistaan vastassa taistelukentällä, en minä, Gregorius, kumminkaan päästänyt häntä luokseni, vaan annoin hänen seistä porttini edessä kolme päivää ja yötä paljain jaloin ja paljain päin, vaimoineen ja lapsineen talven pakkasessa ja lumessa kerjäten anteeksiantoa, ja sen jälkeen julistin hänet pannaan, niin että hän oli kaksi kertaa pannaanjulistettu minun aikanani". (Babtista Egnatius – Platina, Benno Nauclerus. Acts and Monuments of John Foxe. A New Complete Edition. Edited by Rev. Stephan Reed Cattley.

M.A. 9-osaisen teoksen julkaisseet R.B. Seeby ja W. Burnside, Lontoo 1837. Osa 4. Ks. myös Erik Arnesen, Silmäys aikaamme, Helsinki 1920, s. 255. Kun seuraavassa esitetään lausuntoja, jotka on lainattu yllämainitusta Foxen teoksesta, on lähdeviitteessä mainittu suluissa [Foxe]). Paavi Bonifacius esitti: "Minulla on sekä hengellisen että maallisen vallan miekka vallassani – ja minä olen niin paljon korkeammalla keisaria arvossa, että minä yksin omalla vallallani, ilman neuvottelevaa kokousta voin panna hänet pois valtaistuimelta taikka muutella hänen alueitaan ja toimituttaa uudet vaalit, niin kuin tein Fredrikille ja useille muille" (Paavi Bonifacius. Extravag de major et obed. Cap. Unam Item Dist. 22 cap. Omnes. – Sext. Decr. de sentent. Et re, cap. Ad apostoli. [Foxe]. Ks. myös Erik Arnesen, Silmäys aikaamme, s. 254).

6) "Sillä sarvella oli silmät kuin ihmisen silmät ja suu, joka herjaten puhui" (Dan. 7:8). Ihmisen silmät kuvaavat älykkyyttä ja valtioviisautta. Kuten edelliset paavien lausunnot osoittavat, paavien mahti perustui valtioviisaaseen ja älykkääseen menettelyyn ja häikäilemättömään kielenkäyttöön. Tämä osaltaan teki mahdolliseksi sen, että silloisessa henkisessä ilmapiirissä paavinvalta saattoi ilman armeijoiden voimaa nousta maallisia valtatekijöitä suuremmaksi.

7) "Hän puhuu sanoja Korkeinta vastaan" (Dan. 7:25). Katolinen kirkko muutti Jumalan antamia Raamatun oppeja siinä määrin, että se ei pitänyt suotavana Raamatun antamista kansan käsiin. Sitä ei käännetty kansan kielelle. Siitä käytettiin vain latinankielistä käännöstä, mitä kieltä mikään kansakunta ei enää keskiaikana puhunut. Jumalanpalvelusseremoniatkin olivat latinankieliset. Kun kerettiläisliikkeet alkoivat keskiajan loppupuolella levittää kansankielisiä raamatunkäännöksiä, kirkko alkoi sitä vastustaa. Jumalan sanaa jouduttiin lukemaan salaa, jopa henkensä menettämisen uhalla. Raamatun totuuksien maahan polkeminen ja pyrkimys estää kansaa lukemasta Raamattua olivat todella sanojen puhumista Korkeinta vastaan.

8) "Se sarvi, jonka minä näin sotivan pyhiä vastaan ja voittavan heidät" (Dan. 7:21). Paavinvalta vainosi mahtinsa päivinä ankarasti toisinajattelevia kristittyjä, kidutti heitä inkvisitiolaitoksissa ja toimitti kuolemaan. Eräiden arvioiden mukaan näissä vainoissa tapettiin noin 50 miljoonaa toisinajattelevaa ihmistä. Miten on mahdollista, että katolinen kirkko sai esivallan miekan näin julmiin vainoihin?

Paavi Gregorius IX sanoo tästä: "maalliset viranomaiset olivat he sitten väliaikaisia taikka vakinaisia, ovat velvollisia vannoen lupaamaan parhaansa mukaan vainoavansa kaikkia kerettiläisiä, jotka kirkko tuomitsee; ja se väliaikainen hallitsija, joka ei puhdista maataan kerettiläisistä, tuomitaan pannaan. – – Me määräämme edelleen, että kreivien, paronien, hallitusviranomaisten ja kaupunkien raatimiesten ja muitten kaupunkien viranomaisten on piispojen muistutuksesta säädyittäin vannomansa valan mukaan luvattava, että he uskollisesti ja tehokkaasti, milloin heitä siihen vaaditaan, velvollisuutensa täyttäen ja kykynsä mukaan auttavat kirkkoa hävittämään kerettiläisiä ja heidän rikostovereitaan. – Mutta elleivät he sitä tahdo tehdä, riistetään heiltä se luottamustoimi, missä he ovat, eikä missään tapauksessa anneta heille toista, jota paitsi heidät julistetaan pannaan ja heidän maansa kirkonkiroukseen. Siltä valtiolta, joka luulee voivansa vastustaa näitä määräyksiä taikka joka vastoin piispan muistutuksia jättää rankaisematta uppiniskaiset, riistetään kauppayhteys muitten valtioitten kanssa ja riistetään piispan virka" (Gregorius IX:n dekretaalit. Pariisi 1612. 5. Kaari, 7. Artikkeli Ks. Myös Erik Arnesen, Silmäys aikaamme, s. 260).

Keskiajan vainoissa katolinen kirkko todella voitti ne, jotka halusivat pitää kiinni Raamatun totuudesta kuolemankin uhalla. Niinpä mm. valdolaiset joutuivat pakenemaan syrjäisille seuduille saadakseen palvella Jumalaa omantuntonsa ja Raamatun valon mukaan.

Kristikunnan suuri häpeä on, että kristillinen kirkko on julmasti vainonnut, kiduttanut ja tappanut toisinajattelevia kristittyjä. Jumala haluaa vain vapaaehtoista, rakkaudesta häneen lähtevää palvelua. Hän sanoo: "Joka tahtoo, se tulkoon ja ottakoon lahjaksi elämän vettä" (Ilm. 22:17). Vainot ovat pettämätön merkki siitä, että tällaisen toiminnan takana ei ole Jumala.

9) "Ne annettakoon hänen käteensä ajaksi, kahdeksi ajaksi ja puoleksi ajaksi" (Dan. 7:25). "Aika" on sama kuin vuosi. Tässä ennustetaan paavinvallan valtakauden pituudeksi 3 ½ profeetallista vuotta eli 42 profeetallista kuukautta. Koska juutalaisessa kuukaudessa oli 30 päivää, tulee 3 ½ ajasta eli vuodesta 1260 päivää. Raamatun vertauskuvallisissa ennustuksissa yksi profeetallinen päivä tarkoittaa yhtä kirjaimellista vuotta. 4. Moos. 14:34:n ennustuksessa käytetään ilmaisua "päivä vuodeksi luettuna". Hes. 4:4–6 tämä periaate ilmaistaan sanoin: "Päivän kutakin vuotta minä olen sinulle pannut".

Paavinkirkon valtakausi alkoi v. 538 jKr., kun kolmas sen nousua estävä valtakunta oli "reväisty irti". Kun vuoteen 538 lisätään 1260 vuotta, tullaan vuoteen 1798 jKr. Tällöin elettiin Ranskan suuren vallankumouksen aikaa. Silloin ranskalainen kenraali Berthier valloitti Rooman ja vangitsi paavi Pius VI:n. Ranskan vallankumouksen seurauksena liberalismi ja länsimainen demokratia alkoivat nopeasti voittaa alaa. Kaikki saivat harjoittaa vapaasti uskontoaan. Samaan aikaan kristinuskoon kriittisesti suhtautuva ns. tieteellinen ajattelutapa repi hajalle uskoa vanhoihin auktoriteetteihin. Paavinvalta menetti mahdollisuuden käyttää esivallan miekkaa toisinajattelevien vainoamiseksi. Silloin katsottiin yleisesti, että paavinvalta oli saanut kuolinhaavan, josta se ei toipunut. Raamatun ennustaman paavinvallan valtakausi on toteutunut täsmällisesti.

10) Danielin ennustuksessa sanottiin, että kyseisen pieni sarvi pyrkisi muuttamaan Jumalan lakia eli kymmeniä käskyjä ja nimenomaan sen kohdan käskyistä, joka koskee aikaa. "Hän pyrkii muuttamaan ajat ja lain" (Dan. 7:25). Kymmenestä käskystä ainoastaan lepopäiväkäsky koskee aikaa. Tämän Rooman kirkko on muuttanut, niin

että kristikunta viettää sen mukaisesti nykyisin yleisesti sunnuntaita, viikon ensimmäistä päivää, lepopäivänä. Kristus pyhitti lepopäivänä sapatin, viikon seitsemännen päivän, meidän lauantaimme, kymmenien käskyjen mukaan. Samoin tekivät apostolit ja alkuseurakunta.

Rooman kirkko on myös voimakkaasti korostanut jumalallisen valtansa merkkinä sitä, että se on kyennyt siirtämään lepopäivän sapatilta sunnuntaille. Tähän seikkaan myös Luther ja hänen kannattajansa kiinnittivät huomiota, kun he joutuvat tekemään viranomaisille selkoa uskonsa perusteista. He kirjoittivat lepopäivän muutoksesta seuraavaa: "Mitään muuta esimerkkiä ei niin voimakkaasti tähdennetäkään eikä esiintuoda kuin juuri sapatin muuttamista; tällä tahdotaan todistaa kirkon valta suureksi, koska se tekee muutoksia kymmeneen käskyynkin, jotakin siinä muuttaen" (Ev. lut. kirkon tunnuskirjat, s. 49).

Luther ja antikristus

Kaikki Danielin kirjan seitsemännen luvun esittämät kymmenen antikristuksen tuntomerkkiä sopivat täsmällisesti paavinvaltaan. Myös muut Raamatun esittämät antikristuksen tuntomerkit sopivat tarkoin paavinvaltaan. Uskonpuhdistajat omaksuivat tämän antikristuskäsityksen. Evankelis-luterilaisen kirkon tunnuskirjoissa luemme Lutherin ja hänen kannattajiensa käsityksen: "Paavin ja hänen kannattajiensa valtakuntaan sopivat täysin vastakristuksen tuntomerkit. Paavali näet Tessalonikalaiskirjeessään kuvaillessaan vastakristusta nimittää häntä 'vastustajaksi, joka korottaa itsensä yli kaiken, mitä jumalaksi tahi jumaloitavaksi kutsutaan, niin että hän asettuu Jumalan temppeliin ja julistaa olevansa Jumala'. Hän siis puhuu eräästä, joka hallitsee kirkossa – ei pakanallisista kuninkaista – ja tätä hän nimittää 'Kristuksen vastustajaksi', tämä kun on sommitteleva evankeliumin kanssa ristiriitaisen opin ja vaativa itselleen jumalallista arvovaltaa" (s. 278). "Kun tilanne on tällainen, on kaikkien kristittyjen varottava osallistumasta paavin jumalattomaan oppiin, pilkkaamisiin ja raakaan julmuuteen. Heidän pitää siis hyljätä ja kirota paavi kannattajineen vastakristuksen valtakuntana, niin kuin Kristus on käskenyt" (s. 279).

Älä tuomitse vaan rakasta

Vaikka paavinvalta onkin Raamatun mukaan selvästi ja varmasti antikristillinen valta, ei meillä kuitenkaan ole pienintäkään oikeutta tuomita ainoatakaan katolisen kirkon jäsentä. Tuhannet katoliset palvelevat Jumalaa koko sydämestään sen valon mukaan mikä heillä on. Jumala hyväksyy heidän vilpittömän vaelluksensa, koska heillä ei ole kirkkaampaa Jumalan sanan valoa. Raamattu korostaa saadun valon eli tiedon merkitystä. "Noita tietämättömyyden aikoja Jumala on kärsinyt, mutta nyt hän tekee tiettäväksi, että kaikkien ihmisten kaikkialla on tehtävä parannus" (Ap. t. 17:30).

Meidän tulee rohkeasti julistaa Raamatun totuutta, mutta se tulee aina tehdä rakkauden hengessä. Todellista ekumeniaa on, että kristityt yhdessä toisiaan rakastaen tutkivat mikä on Raamatun totuus ja ottavat sen vastaan kalliina aarteena. Saisipa rakkaus, joka ei pakota eikä tuomitse ketään, lisääntyä niin, että voisimme ottaa vastaan Raamatun totuuden sellaisena kuin se on Jeesuksessa Kristuksessa.

Antikristus on, kuten Raamattu on ennustanut, muuttanut kymmenien käskyjen aikaa koskevan käskyn eli lepopäiväkäskyn. Kristus vakuuttaa vuorisaarnassaan puhuessaan kymmenistä käskyistä, että "ei laista katoa pieninkään kirjain, ei ainoakaan piirto" (Matt. 5:18). Ihmiselle olisi helpompaa saada taivas ja maa katoamaan, kuin muuttaa pienintäkään piirtoa Jumalan laista, kymmenistä käskyistä.

457 B.C.
27 A.D.
31 A.D.
34 A.D.
1844 A.D.
UNTO TWO THOUSAND AND THREE HUNDRED DAYS

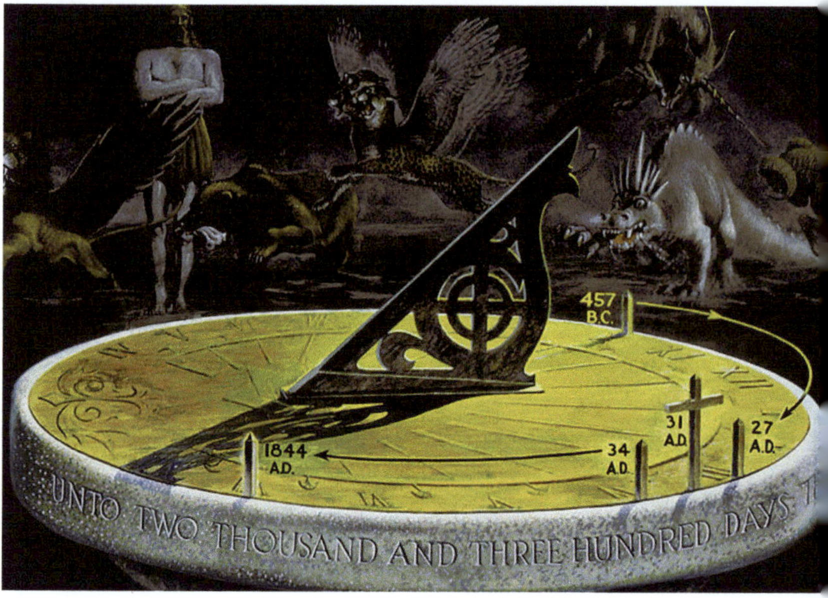

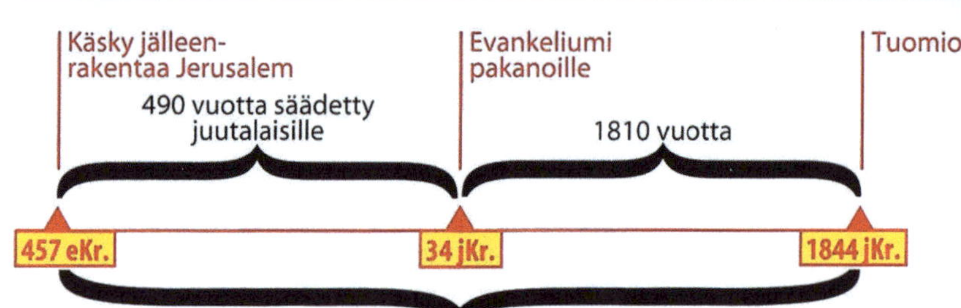

Käsky jälleen-
rakentaa Jerusalem
Evankeliumi
pakanoille
Tuomio
490 vuotta säädetty
juutalaisille
1810 vuotta
457 eKr.
34 jKr.
1844 jKr.
2 300 VUOTTA

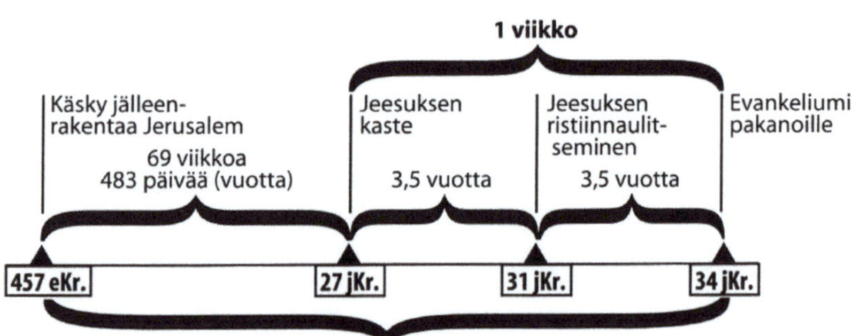

1 viikko
Käsky jälleen-
rakentaa Jerusalem
Jeesuksen
kaste
Jeesuksen
ristiinnaulit-
seminen
Evankeliumi
pakanoille
69 viikkoa
483 päivää (vuotta)
3,5 vuotta
3,5 vuotta
457 eKr.
27 jKr.
31 jKr.
34 jKr.
490 VUOTTA

5. Antikristuksen opit paljastetaan

Danielin kirjan kahdeksas ja yhdeksäs luku selvittävät milloin paavinvallan maahan heittämien Raamatun totuuksien tallaaminen lakkaa ja milloin paavinvallan kristikuntaan tuomat väärät opit paljastetaan. Johdantona tälle määrittämiselle esitetään kahdeksannessa luvussa jälleen entuudestaan tuttuja asioita, niin että lukija voi olla selvillä asioiden kulusta.

Samana vuonna, kun Daniel sai kahdeksannen luvun näyn, kukistui Babylonin valtakunta. Näky alkaa sen vuoksi Meedia-Persiasta, jota näyn oinas kuvaa (Dan. 8:3, 4, 20). Sen kukistaa kauris, Aleksanteri Suuren Kreikka (Dan. 8:5–8, 21, 22). Rooman maailmanvallan noususta ennustetaan jakeissa Dan. 8:9, 10. Sen vallanperijän, paavillisen Rooman, teoista ennustetaan Dan. 8:11 jakeesta alkaen. Paavinvalta asettui keskiaikana Kristuksen sijaan mutta todellisuudessa Kristusta vastaan. "Hän ylpeili sotajoukon ruhtinastakin vastaan" (Dan. 8:11). "Ruhtinasten ruhtinastakin vastaan hän nousee, mutta ilman ihmiskättä hänet muserretaan" (Dan. 8:25). Tässä esiintyy siis sama, mikä paavinvallasta ennustettiin Dan. 7:25. "Hän puhuu sanoja Korkeinta vastaan". Kristus on "sotajoukon ruhtinas", "ruhtinasten ruhtinas" ja "Korkein", jota vastaan keskiajan virallinen kirkko nousi.

Vaikka paavius menetti vaikutusvaltansa suuriin kansanjoukkoihin 1700-luvun lopulla Ranskan suuren vallankumouksen yhteydessä 1260-vuotisen valtakautensa päättyessä, tämä ei merkinnyt tämän vallan lopullista kukistumista. Siinä selostuksessa, jonka enkeli antoi Danielille kahdeksannen luvun näkyyn, hän sanoi tästä antikristillisestä vallasta "Ruhtinasten ruhtinastakin vastaan hän nousee, mutta ilman ihmiskättä hänet muserretaan" (Dan. 8:25). Paavali esittää saman ajatuksen puhuessaan antikristuksesta. Kun hän on selvästi kuvannut tätä valtaa ja sen tuntomerkkejä, hän sanoo sen tuhosta: "– – tuo laiton, jonka Herra Jeesus on surmaava suunsa henkäyksellä ja tuhoava tulemuksensa ilmestyksellä" (2. Tess. 2:8). Tämän mukaan antikristillinen valta on olemassa aina siihen asti, kunnes Jeesus Kristus tulee kunniassaan ja kirkkaudessaan tekemään lopun tästä syntisestä maailmasta.

Yksi välimies

Dan. 8: 11,12 ennustetaan, miten paavinvalta asettui Kristusta vastaan: "ja tältä otettiin pois jokapäiväinen uhri ja hänen pyhäkkönsä paikka kukistettiin" (Dan. 8:11). Raamatun mukaan "yksi on Jumala, yksi on myös välimies Jumalan ja ihmisen välillä, ihminen Jeesus Kristus" (1. Tim. 2:5). Paavinvalta asetti muita ihmisiä, neitsyt Marian, pappeja ja pyhimyksiä välittäjäksi Kristuksen lisäksi. Tämä johti siihen, että oppi Kristuksesta välittäjänä, hänen tehtävästään meidän ylimmäisenä Pappinamme taivaallisessa pyhäkössä jäi syrjään. Kuitenkin opetus Kristuksen ylimmäispapillisesta tehtävästä taivaallisessa pyhäkössä on Heprealaiskirjeen pääkohta (Hepr. 8:1, 2). Pappien ja jopa vainajien asettaminen välittäjäksi, joiden puoleen käännyttiin ensiksi, johti siihen, että Kristukselta "otettiin pois jokapäiväinen uhri ja hänen pyhäkkönsä paikka kukistettiin".

Totuus tallataan maahan

Se sarvi heitti totuuden maahan ja mitä se teki, siinä se menestyi" (Dan. 8:12). Lepopäiväkäsky ja Jeesuksen ylimmäispapillinen tehtävä taivaallisessa pyhäkössä esitetään niinä Raamatun totuuksina, jotka heitetään maahan. Paavinvalta todellakin menestyi asettaessaan Raamatun oppien tilalle ihmisoppeja ja pakanallisia tapoja.

2300 vuotta

Dan. 8:13 esitetään kysymys, miten kauan kestäisi tämä ennustettu Raamatun totuuksien tallaaminen. Vastaus kuuluu: "Kahtatuhatta kolmea sataa iltaa ja aamua; sitten pyhäkkö asetetaan jälleen oikeuteensa" (Dan. 8:14).

Koska Raamatun vertauskuvallisissa ennustuksissa yksi profeetallinen päivä tarkoittaa yhtä kirjaimellista vuotta, tulisi siten kestämään 2300 vuotta, ennen kuin näitä raamatullisia totuuksia julistettaisiin jälleen sellaisina kuin Jeesus Kristus on ne sanassaan antanut. Annettu vastaus ilmaisee, että samaan aikaan pyhäkkö asetetaan jälleen oikeuteensa eli pyhäkkö puhdistetaan. Tämä pyhäkön oikeuteensa asettaminen ei voi tarkoittaa maallista pyhäkköä, koska Jerusalemin temppeli tuhottiin v. 70 jKr. Jeesus sanoi ennustaessaan Jerusalemin ja sen temppelin hävityksestä: "Katso teidän huoneenne on jäävä hyljätyksi" (Matt. 23:38). Tämä ennustettu pyhäkön puhdistaminen voi siis tarkoittaa vain taivaallista pyhäkköä, sitä oikeaa majaa, jonka kuva ja varjo maallinen pyhäkkö oli (Hepr. 9:23, 24).

Gabriel selittää näkyä

Enkeli Gabriel saa tehtäväksi selittää Danielille tämän näyn (Dan. 8:6). Ensin enkeli korostaa, että näky ulottuu lopun aikaan asti. Hän selittää, että oinas on Meedia-Persia ja kauris Kreikka eli Jaavan (Dan. 8:20–22). Sitten enkeli kuvaa pakanallisen Rooman ja paavillisen Rooman tekoja (Dan. 8:23–25), korostaa 2300 illan ja aamun tärkeyttä ja sanoo sen tarkoittavan kaukaista aikaa (Dan. 8:26). Jakeessa Dan. 8:27 kerrotaan, miten Daniel sairastui eikä ymmärtänyt näkyä. Näyssä Danielille oli esitetty, mitä tapahtuisi 2300 illan ja aamun eli 2300 kirjaimellisen vuoden kuluttua, mutta Danielin väsymyksen ja sairauden vuoksi enkeli Gabriel ei voinut selittää Danielille, milloin 2300 vuoden ajanjakso alkaisi. Koska tämän lopun aikaan ulottuvan Raamatun pisimmän aikaennustuksen ajankohta jäi selittämättä, on luonnollista, että Daniel ei ymmärtänyt näkyä.

Seuraavassa luvussa kerrotaan, miten sama enkeli Gabriel tuli jatkamaan näyn selitystä. Ensin kerrotaan, miten Daniel rukoili omien ja kansansa syntien puolesta tunnustaen ne nöyrästi (Dan. 9:1–20).

Kun Daniel vielä oli rukouksessa, tuli Gabriel, jonka Daniel oli nähnyt edellisessä näyssä (Dan. 8:21). Hän sanoi: "Daniel, nyt minä olen lähtenyt neuvomaan sinua ymmärrykseen" (Dan. 8:22). Nyt oli koittanut aika, jolloin Danielia neuvottaisiin ymmärtämään se näky, jota hän ei edellisen luvun mukaan vielä ymmärtänyt. Gabriel jatkoi: "Käsitä siis se sana ja ymmärrä näky" (Dan. 8:23). Nyt Gabriel tulisi selittämään, milloin 2300 vuoden ajanjakso alkaisi ja mitä sen aikana tapahtuisi.

"Seitsemänkymmentä viikkoa on säädetty sinun kansallesi ja pyhälle kaupungillesi" (Dan. 8:24). Seitsemänkymmentä viikkoa on 490 päivää eli 490 kirjaimellista vuotta. Sana "säädetty" (ghathak) merkitsee alkutekstin mukaan "leikattu". Mistä 490 vuotta on leikattu? Luonnollisesti se on leikattu 2300 vuoden ajanjaksosta. Siitä 490 vuotta oli Israelin etsikkoaikaa.

Ennustus Messiaasta

Jakeessa Dan. 8:24 ennustetaan tänä aikana tulevasta Messiaasta ja hänen tehtävästään. "Silloin luopumus päättyy" Kristus tekee uuden liiton niiden kanssa, jotka ottavat hänet vastaan ja silloin heidän luopumuksensa päättyy. "Synti sinetillä lukitaan". Vain Kristus voi lukita synnit sinetillä niin, että ne eivät voi syyttää ketään, joka turvaa Kristuksen sovitukseen. "Pahat teot sovitetaan". Vain Kristuksen uhri ristillä voi sovittaa meidän pahat tekomme. "Iankaikkinen vanhurskaus tuodaan". Vain Kristus on iankaikkinen kuten Jumala. Vain Kristuksen täydellinen vanhurskaus voi päättää meidän luopumuksemme ja antaa meille vanhurskauden. "Kaikkein pyhin voidellaan". Jeesuksen aloittaessa taivaallisessa pyhäkössä välittäjän tehtävänsä pyhäkkö voidellaan tehtäväänsä.

70 vuosiviikon tapahtumat

Jakeessa Dan. 8:25 esitetään milloin 70 vuosiviikon eli 490 vuoden aika ja samalla myös 2300 vuoden aika, josta 490 vuotta on leikattu, tulisi alkamaan. "Ja tiedä ja käsitä: siitä ajasta, jolloin tuli se sana, että Jerusalem on jälleen rakennettava, voideltuun, ruhtinaaseen, asti, on kuluva seitsemän vuosiviikkoa; ja kuusikymmentäkaksi vuosiviikkoa, niin se jälleen rakennetaan toreinensa ja vallihautoinensa, mutta keskellä ahtaita aikoja". Raamatun mukaan "seitsemän vuosiviikon aika on neljäkymmentäyhdeksän vuotta" (3. Moos. 28:8), joten yksi vuosiviikko on seitsemän kirjaimellista vuotta. Jerusalem jälleenrakennetaan todella keskellä vaikeita aikoja. Tämä ennustus toteutui täysin.

"Voideltuun ruhtinaaseen asti on kuluva seitsemän vuosiviikkoa ja kuusikymmentäkaksi vuosiviikkoa" (heprealaisessa alkutekstissä ei ole lainkaan välimerkkejä), siis yhteensä kuusikymmentäyhdeksän vuosiviikkoa eli 483 vuotta. Kun syksyyn 457 eKr. lisätään 483 vuotta, tullaan syksyyn 27 jKr., jolloin ruhtinas eli Kristus voidellaan. Syksyllä 27 jKr. Jeesus kastettiin ja voideltiin Pyhällä Hengellä julkista tehtäväänsä varten (Mark. 1:9–11). Apostoli Pietari sanoi: "Jumala Pyhällä hengellä ja voimalla oli voidellut Jeesuksen Nasaretilaisen" (Ap. t. 10:38). Jeesus itse todisti: "Herran henki on minun päälläni, sillä hän on voidellut minut julistamaan evankeliumia köyhille" (Luuk. 4: 18).

Jakeen Dan. 8:26 mukaan 62 vuosiviikon mentyä voideltu eli Kristus tuhottiin. Hylkäämällä Messiaan Israelin kansa sinetöi kohtalonsa. Jerusalem ja sen temppeli oli tuomittu hävitykseen, mutta hyökkääjä itse (Rooma) sai loppunsa kansainvaelluksen tulvassa.

Jakeessa Dan. 8:27 ennustettiin lähemmin, mitä tapahtui tämän viimeisen vuosiviikon aikana. Suomalainen raamatunkäännös on tässä kohdin vähän harhaanjohtava. Hepreankielen sana chasi tarkoittaa paitsi sanaa "puoli" myös sanaa "keski". Kysymyksessä on puoliväli eli keskikohta. Lause "ja puoleksi vuosiviikoksi hän lakkauttaa teurasuhrin ja ruokauhrin" on siten ymmärrettävä näin: Vuosiviikon puolivälissä – tai keskellä vuosiviikkoa – hän lakkauttaa teurasuhrin ja ruokauhrin. Jeesuksen julkinen toiminta kesti vain 3 ½ vuotta. Hän aloitti julkisen toimintansa syksyllä 27 jKr., ja 3 ½ vuotta myöhemmin keväällä 31 jKr. pääsiäisjuhlan aikaan hänet ristiinnaulittiin. Tällöin hän antoi suuren uhrinsa ihmisen syntien sovittamiseksi. Se merkitsi samalla juutalaisen jumalanpalvelusjärjestelmään kuuluvien vertauskuvallisten uhrien merkityksen lakkaamista, koska niiden tarkoitus oli ollut kiinnittää huomio Jumalan suureen uhrikaritsaan, joka todellisessa uhrissa antaisi elämänsä heidän edestään. Ristillä varjo kohtasi todellisuuden. Jeesus kuoli ristillä täsmällisesti ennustettuna aikana.

Seitsemänkymmentä vuosiviikkoa päättyi syksyllä 34 jKr. Silloin Stefanus kivitettiin ja kristittyjen vaino Jerusalemissa alkoi. Juutalaiset kansakuntana sanoutuivat lopullisesti irti Kristuksesta, luvatusta Messiaasta. Evankeliumia oli tähän asti julistettu varsinaisesti vain juutalaisille. Työ oli Jeesuksen käskystä aloitettu Israelin kadonneiden lampaiden tykönä (Matt. 10:6). Nyt oli aika kääntyä pakanoiden puoleen (Ap. t. 13:46).

2300 vuoden päättyminen

Danielia puhutteleva enkeli antoi ymmärtää, että 70 vuosiviikon täyttymys historiassa on niin vankasti historiallisilla tosiasioilla osoitettavissa, että sen avulla "näky ja profeetta sinetillä vahvistetaan" (Dan. 9:24). Toisin sanoen 2300-vuotisen ajanjakson lähtökohtana oleva vuosi 457 eKr. on mitä luotettavin.

Kun 2 300 vuodesta vähennetään 70 vuosiviikkoa eli 490 vuotta, jää jäljelle 1810 vuotta. Kun tämä 1810 vuotta lasketaan 70 vuosiviikon päättymisajankohdasta eli syksystä 34 jKr. eteenpäin, tullaan syksyyn 1844. Tällöin 2 300-vuotinen ajanjakso päättyi. Tämä päättymisajankohta on yhtä varma ja luotettava kuin sen alkamisajankohtakin eli vuosi

457 eKr., jonka varmuuden 70 vuosiviikkoa käsittävä ajanjakso sinetöi.

Keskeisin tapahtuma 70 vuosiviikon aikana, keskellä viimeistä vuosiviikkoa oli Jeesuksen kuolema ristillä pääsiäisenä 31 jKr. Jeesuksen suuri uhri meidän puolestamme on luotettavin sinetti, joka vahvistaa ehdottomalla varmuudella 2300 vuoden alkamisen (457 jKr.) ja päättymisen (1844 jKr.).

Pyhäkön puhdistaminen

Mitä tarkoittaa pyhäkön asettaminen jälleen oikeuteensa eli pyhäkön puhdistaminen. Maallinen pyhäkköpalvelu oli kuva ja varjo siitä, mitä Kristus tulisi tekemään uhratessaan itsensä ja toimiessaan ylimmäisenä pappina taivaallisessa pyhäkössä. Maallisessa pyhäkössä pappi uhrasi joka päivä etumaisessa majassa eli pyhässä. Toiseen majaan eli kaikkein pyhimpään ainoastaan ylipappi meni kerran vuodessa suurena sovituspäivänä (Hepr. 9:1–7).

Suuresta sovituspäivästä kerrotaan 3. Moos. 16. Silloin pyhäkkö asetettiin oikeuteensa eli puhdistettiin Israelin kansan synneistä ja saastaisuudesta (3. Moos. 16:16, 19, 30, 34). Kansan tahattomat synnit ja ne synnit, joita oli pyydetty anteeksi ja kaduttu, poistettiin kaikkein pyhimmästä. Suuri sovituspäivä oli vakava katumuksen, parannuksen teon ja paaston päivä. Juutalaisessa sanakirjassa sanotaan suuresta sovituspäivästä seuraavaa: ”Tämä on tuomion päivä, sillä Hänen palvelijansa eivät ole puhtaita Jumalan edessä… Uudenvuoden päivänä kirjoitetaan tuomio, sovintopäivänä vahvistetaan, kuka saa elää ja kenen tulee kuolla” (Jewish Encyclopedia, II, s. 286).

Heprealaiskirjeessä sanotaan suuresta sovituspäivästä näin: ”Niin puhdistetaan lain mukaan miltei kaikki verellä, ja ilman verenvuodatusta ei tapahdu anteeksiantamista. On siis välttämätöntä, että taivaalliset kuvat tällä tavalla puhdistetaan, mutta että taivaalliset itse puhdistetaan paremmilla uhreilla kuin nämä” (Hepr. 9:22, 23).

Raamatun mukaan ”ihmisille on määrätty, että heidän

kerran on kuoleminen, mutta sen jälkeen tulee tuomio" (Hepr. 9:27). Jeesuksen tullessa pelastettujen kohtalo on ratkaistu. Taivaallisessa oikeudenkäynnissä vapauttava tuomio on jo julistettu. "Sillä aika on tuomion alkaa Jumalan huoneesta; mutta jos se alkaa ensiksi meistä, niin mikä on niiden loppu, jotka eivät ole evankeliumille kuuliaiset?" (1. Piet. 4:17). Jumala on säätänyt ajan, jolloin Jumalan kansan tuomio alkaa, jolloin taivaallinen pyhäkkö puhdistetaan hänen kansansa synneistä. Tämä viimeinen vaihe Jeesuksen välittäjäntehtävässä, hänen ylimmäispapillisessa tehtävässään taivaallisessa pyhäkössä, alkoi v. 1844 jKr., jolloin toteutui ennustus "kahtatuhatta kolmeasataa iltaa ja aamua; sitten pyhäkkö asetetaan jälleen oikeuteensa" (Dan. 8:14).

Ketkä ovat Jumalan huonetta, josta tuomio alkaa? Ne, joiden nimet ovat elämän kirjassa (Luuk. 10:20; Fil. 4:3; Ilm. 3:5). Vain ne pelastuvat, joiden nimi on Karitsan elämän kirjassa (Ilm. 21:27). Jokaisen nimi, joka kerran on ottanut Jumalan armokutsun vastaan, kirjoitetaan elämän kirjaan, mutta nimi voidaan myös pyyhkiä sieltä pois (2. Moos. 32:3). Kaikki meidän tekomme kirjoitetaan taivaalliseen muistokirjaan. Kaikki teot ja kaikki turhat sanatkin tulevat kerran tuomiolle (Saarn. 12:13, 14; Matt. 12:36). Tahallisia syntejä, joita ei pyydetä anteeksi, joita ei kaduta ja joista ei edes pyritä tekemään parannusta, ei soviteta eikä pyyhitä pois. "Sillä jos me tahallamme teemme syntiä, päästyämme totuuden tuntoon, niin ei ole enää uhria meidän syntiemme edestä" (Hepr. 10:26).

Paavinvaltaa koskevaa ennustusta seurasi Danielin kirjassa profetia taivaallisesta oikeudenkäynnistä. "Sitten oikeus istuu tuomiolle" (Dan. 7:26). Paavikunnanvaltakaudesta ennustettiin Dan. 7:8, ja seuraavissa jakeissa kuvailtiin taivaallista oikeudenkäyntiä. Siinä Jumala oli tuomarina (Dan. 7:9), enkelit oikeudenpalvelijoina (Dan. 7:10) ja Jeesus Kristus meidän puolustajanamme (Dan. 7:13). "Oikeus istui tuomiolle ja kirjat avattiin" (Dan. 7:10).

Tässä oikeudenkäynnissä Jeesus vetoaa suureen uhriinsa meidän puolestamme. Hän esittää, että kaikkien uskossa Jeesukseen turvautuneiden synnit pyyhittäisiin lopullisesti pois muistokirjasta, niin kuin he eivät olisi koskaan syntiä tehneetkään.

Me elämme nyt tätä vakavaa aikaa. Nyt kun vielä on armon aika, pelastuksen päivä, tulisi jokaisen nöyrtyä Jumalan edessä, katua syntejään, pyytää niitä anteeksi ja anoa Jeesukselta voimaa synnin voittamiseen. Jeesus on taivaallisessa oikeudenkäynnissä jokaisen sellaisen puolustaja, joka syntejään katuen turvautuu hänen armoonsa ja janoaa uutta parempaa elämää. Omassa voimassamme me emme voi mitään. Jeesus on halukas ottamaan meidät vastaan sellaisina kuin me olemme. Jeesus ei koskaan hylkää ketään, joka tulee hänen luoksensa. Vain meidän oma valintamme voi erottaa meidät hänestä.

6. Jumalan viimeinen armonsanoma

Kolmen enkelin sanoma

Raamattu ennustaa, että paavinvallan kautta kristinuskoon tulee vääriä oppeja. Yhtä varmasti Raamattu ennustaa, että ennen Kristuksen takaisintuloa, kun aika Jumalan profeetallisessa kellossa on koittanut, julistetaan sanomaa, jonka tehtävänä on asettaa kaikki ennalleen ja paljastaa kristinuskoon luopumuksen kautta tulleet väärät opit. Tämä Jumalan viimeinen armonsanoma maailmalle esitetään Ilm. 14:6–12 kolmen enkelin sanomana. Heti tämän jälkeen kerrotaan Jeesuksen Kristuksen takaisintulosta kunniassaan ja kirkkaudessaan korjaamaan maan kypsynyttä satoa (Ilm. 14:14–16). Tämän sanoman julistus alkoi syksyllä 1844 jKr. Yhdysvalloista, uskonnon vapauden maasta ja on sieltä levinnyt kaikkialle maailmaan.

Kolmen enkelin sanoma eli adventtisanoma on esitetty ilmestyskirjassa seuraavasti:

"Ja minä näin lentävän keskitaivaalla erään toisen enkelin, jolla oli iankaikkinen evankeliumi julistettavana maan päällä asuvaisille, kaikille kansanheimoille ja sukukunnille ja kielille ja kansoille".

"Ja hän sanoi suurella äänellä: "Peljätkää Jumalaa ja antakaa hänelle kunnia, sillä hänen tuomionsa hetki on tullut, ja kumartakaa häntä, joka on tehnyt taivaan ja maan ja meren ja vetten lähteet."

"Ja seurasi vielä toinen enkeli, joka sanoi: "Kukistunut, kukistunut on se suuri Babylon, joka haureutensa vihan viinillä on juottanut kaikki kansat."

"Ja heitä seurasi vielä kolmas enkeli, joka sanoi suurella äänellä: "Jos joku kumartaa petoa ja sen kuvaa ja ottaa sen merkin otsaansa tai käteensä, niin hänkin on juova Jumalan vihan viiniä, joka sekoittamattomana on kaadettu hänen vihansa maljaan, ja häntä pitää tulella ja tulikivellä vaivattaman pyhien enkelien edessä ja Karitsan edessä".

"Ja heidän vaivansa savu on nouseva aina ja iankaikkisesti, eikä heillä ole lepoa päivällä eikä yöllä, heillä, jotka petoa ja sen kuvaa kumartavat, eikä kenelläkään, joka ottaa sen nimen merkin".

"Tässä on pyhien kärsivällisyys, niiden, jotka pitävät Jumalan käskyt ja Jeesuksen uskon".

Iankaikkinen evankeliumi

Kolmen enkelin sanomaa esitellessään Ilmestyskirja mainitsee, että tätä sanomaa kuuluttavalla enkelillä oli iankaikkinen evankeliumi julistettavana kaikelle kansalle (Ilm. 14:6).

Kolmen enkelin sanoma on siten ensisijaisesti Jumalan muuttumaton evankeliumi, ilosanoma Kristuksen äärettömästä rakkaudesta ja hänen suuresta uhristaan meidän syntiemme tähden. Ihmisen pelastus rakentuu täysin Kristuksen sovitustyön, hänen suuren uhrinsa ja Jumalan etsivän rakkauden varaan. Kolmen enkelin sanoman, adventtisanoman, tarkoituksena on johdattaa ihmiset Jeesuksen Kristuksen luo. Jumalan tahtoa vastaan rikkoneena ei kenelläkään ole mitään pelastumisen toivoa ilman syntien anteeksiantamusta Jeesuksessa Kristuksessa. Synnin turmelemana jokainen ihminen on niin avuton ja kykenemätön puhtaaseen ja hyvään elämään, että hänen ainoa toivonsa ja suojansa pahan valtaa vastaan on jatkuvassa Kristuksessa kiinni riippumisessa ja siinä voimassa, joka on tarjolla jokaiselle rukoilevalle, Jumalan apua etsivälle ihmiselle. Iankaikkinen evankeliumi on ilosanoma siitä, että jokainen voi saada osakseen uskon kautta sen vanhurskauden, jonka Kristus täällä maan päällä eläessään ihmistä varten hankki. Jokaisen ihmisen tulisi saada tietää, miten suurella rakkaudella, innolla ja voimalla Isä Jumala, Jeesus Kristus ja Pyhä Henki sekä taivaan enkelit työskentelevät meidän pelastuksemme hyväksi.

THE LAW OF GOD

I
Thou shalt have no other gods before Me.

II
Thou shalt not make unto thee any graven image, or any likeness of anything that is in heaven above, or that is in the earth beneath, or that is in the water under the earth: thou shalt not bow down thyself to them, nor serve them: for I the Lord thy God am a jealous God visiting the iniquity of the fathers upon the children unto the third and fourth generation of them that hate Me; and showing mercy unto thousands of them that love Me, and keep My commandments.

III
Thou shalt not take the name of the Lord thy God in vain; for the Lord will not hold him guiltless that taketh His name in vain.

IV
Remember the Sabbath day, to keep it holy. Six days shalt thou labor and do all thy work: but the seventh day is the Sabbath of the Lord thy God: in it thou shalt not do any work, thou, nor thy son, nor thy daughter, thy manservant, nor thy maidservant, nor thy cattle, nor thy stranger that is within thy gates: for in six days the Lord made heaven and earth, the sea, and all that in them is, and rested the seventh day: wherefore the Lord blessed the Sabbath day, and hallowed it.

V
Honor thy father and thy mother: that thy days may be long upon the land which the Lord thy God giveth thee.

VI
Thou shalt not kill.

VII
Thou shalt not commit adultery.

VIII
Thou shalt not steal.

IX
Thou shalt not bear false witness against thy neighbor.

X
Thou shalt not covet thy neighbor's house, thou shalt not covet thy neighbor's wife, nor his manservant, nor his maidservant, nor his ox, nor his ass, nor anything that is thy neighbor's.

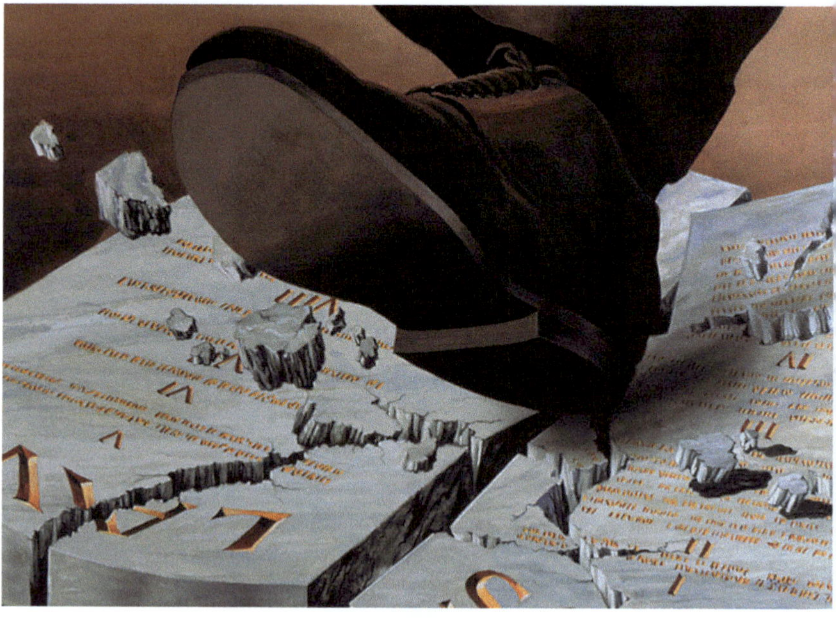

7. Ensimmäisen enkelin sanoma

Tuomion hetki on tullut

Ensimmäinen niistä kolmesta enkelistä, jotka Johannes näki lentävän keskitaivaalla, julisti erityisesti tuomion hetken ajankohtaisuutta. Hänen suuri sanomansa oli: Peljätkää Jumala ja antakaa hänelle kunnia, sillä hänen tuomionsa hetki on tullut. Tämä osa kolmen enkelin sanomasta käsittää siten erityisesti 2300 iltaa ja aamua käsittävän profetian täyttymyksen julistuksen ja taivaallisen oikeudenkäynnin esittämisen.

Ilmestyskirjan kuvaus ensimmäisestä enkelistä ja hänen sanomastaan korostaa vielä tuomion hetken julistuksen ajankohtaisuutta. Kun ensimmäinen enkeli julistaa "maan päällä asuvaisille, kaikille kansanheimoille ja sukukunnille ja kielille ja kansoille", että tuomion hetki on tullut, siinä korostuu voimakkaasti se piirre, että kun tuomiota käydään taivaan saleissa, ihmiset vielä elävät maan päällä ja heidät koetetaan tehdä tietoiseksi ajan vakavuudesta. Enkeli ei julista, että tuomion aika tulee pian tai että se on lähellä, vaan että se on jo tullut.

Samalla enkeli korosti Jumalan kunnioittamista Luojana. Meidän aikanamme ihmistenluottamus Jumalaan kaiken Luojana on pahasti järkkynyt. Erilaiset ns. tieteelliset maailmankatsomukset, erityisesti kehitysopillinen ajattelu, ovat riistäneet tämän uskon ihmisiltä. Sen mukana myös luottamus Raamatun arvovaltaan on hävinnyt. Tieteellisen tutkimuksen häikäisevät saavutukset varsinkin tekniikan ja lääketieteen alalla ovat sokaisseet ihmisten silmät. Ei nähdä, että niillä maailmankatsomuksellisilla teorioilla, joita tieteen nimissä tarjotaan, ei ole samaa pätevyyttä kuin tekniikan saavutuksilla, vaan että ne ovat olettamuksia, joiden luotettavuutta ei ole kyetty osoittamaan. Samalla ei myöskään huomata, että kun usko Jumalaan Luojana ja hänen sanaansa Raamattuun on järkkynyt, ihminen on moraalisesti alentunut. Rikollisuus, moraalittomuus, henkisistä elämänarvoista piittaamattomuus ovat muodostuneet todelliseksi ongelmaksi, jonka edessä aletaan olla voimattomia. Mutta sen todellista syytä ei nähdä. Sen vuoksi meidän ajallemme tarkoitetussa erityisessä sanomassa kerrotaan voimakkaasti Luojan kunnioittamisen välttämättömyyttä, välttämättömyyttä nähdä Jumala Luojana, niin kuin Raamattu hänet esittää.

Luojan kunnioittaminen ja lepopäivä

Jotta Jumalan kunnioittaminen Luojana olisi säilynyt ihmisten keskuudessa kautta aikain, Jumala sääti luomistöittensä muistoksi lepopäivän. Siitä kerrotaan luomiskertomuksen yhteydessä näin: "Ja Jumala päätti seitsemäntenä päivänä työnsä, jonka hän oli tehnyt, ja lepäsi seitsemäntenä päivänä kaikesta työstänsä, jonka hän oli tehnyt. Ja Jumala siunasi seitsemännen päivän ja pyhitti sen, koska hän sinä päivänä lepäsi kaikesta luomistyöstänsä, jonka hän oli tehnyt" (1. Moos. 2:2, 3).

Kun Jumala valitsi Israelin kansan omaisuuskansakseen, jonka tehtävänä oli ylläpitää tietoa elävästä Jumalasta epäjumalanpalvelukseen vajonneen maailman keskellä, hän antoi sille lakinsa, onnellisen ja rikkaan elämän ikuiset periaatteet, kirjoitetussa muodossa. Tämän lain, kymmenien käskyjen lain, keskellä on lepopäiväkäsky. Sen viettämisen perusteena esitetään tiedon säilyminen Jumalan luomistöistä ihmisten mielessä. Tämä käsky kuuluu kokonaisuudessaan näin:

"Muista pyhittää lepopäivä. Kuusi päivää tee työtä ja toimita kaikki askareesi; mutta seitsemäs päivä on Herran, sinun Jumalasi, sapatti; silloin älä mitään askaretta toimita, älä sinä, älköönkä sinun poikasi tai tyttäresi, sinun palvelijasi tai palvelijattaresi tai juhtasi älköönkä muukalaisesi, joka sinun porteissasi on. Sillä kuutena päivänä Herra teki taivaan ja maan ja meren ja kaikki, mitä niissä on, mutta seitsemäntenä päivänä hän lepäsi; sen tähden Herra siunasi lepopäivän ja pyhitti sen" (2. Moos. 20:8–11).

Kun sielunvihollisen nimenomainen pyrkimys on riistää ihmiseltä kaikki tieto Jumalasta, kaikkeuden Luojasta, voidakseen siten syöstä heidät perikatoon, hän hyökkää erityisesti tätä käskyä vastaan. Sillä se juuri pitää yllä tiedon Jumalan luomistöistä ja hänen valtasuuruudestaan. Ihminen, joka viikoittain viettää lepopäivää, sapattia, tämän käskyn mukaisesti, ei voi kadottaa uskoaan Jumalaan, kaikkeuden Luojaan. Hänen oma elämäntapansa, jokaviikkoinen käytäntönsä, muistuttaa hänelle jatkuvasti Jumalasta Luojana. Jos ihmiset olisivat aina pitäneet lepopäivän Raamatun käskyn mukaan, ei maailmassa olisi ainoatakaan Jumalan kieltäjää tai kehitysoppiin uskovaa. Sillä viikoittainen sapatti, jonka olemassaolo ei rakennu millään tavoin maan kiertoliikkeeseen auringon ympäri tai kuun kiertoliikkeeseen maan ympäri eikä mihinkään muuhunkaan taivaankappaleiden kiertorytmiin, olisi aina muistuttanut ihmisiä Jumalasta, joka loi kaiken kuutena päivänä ja teki sapatista luomistekojensa muiston.

Kristus Luoja ja sapatin Herra

Raamattu esittää, että Kristus on kaiken Luoja. Hän on yhtä Isän kanssa ja hänestä on kaikki saanut alkunsa (Joh. 1:1–3; Kol. 1:16). Luomistyönsä päätyttyä Kristus erotti seitsemännen päivän pyhää tarkoitusta varten ja antoi sille erikoisen siunauksensa. Täten Kristus ja sapatti liittyvät erottomasti yhteen.

Israelin nelikymenvuotisen korpivaelluksen aikana mannaihmeen yhteydessä Kristus selvästi osoitti, mikä on hänen antamansa sapatti, seitsemäs päivä, koska se oli joillekin hämärtynyt Egyptin orjuuden vuosisatoina. Kristus johdatti kansansa Egyptin synnin orjuudesta luvattuun maahan. Hän oli se kallio, josta he saivat vettä. Hän johdatti heitä päivällä pilvipatsaana ja yöllä tulipatsaana (1. Kor.

10:3, 4; Neh. 9:9–15). Kristus antoi heille elämän leipää, mannaa. Mannaa annettiin sunnuntaista torstaihin kunakin päivänä sen päivän annos, eikä se säilynyt seuraavaan päivään. Perjantaina, kuudentena päivänä, sapatin valmistuspäivänä, mannaa annettiin kaksinkertainen annos, ja se säilyi seuraavaan päivään. Sapattina, seitsemäntenä päivänä, mannaa ei annettu ollenkaan. Silloin syötiin edellisenä päivänä talteen kerättyä. Neljänkymmenen vuoden aikana Kristus mannaihmeellä osoitti, mikä päivä oli hänen antamansa sapatti (2. Moos. 16:19–35).

Pian mannaihmeen alkamisen jälkeen Kristus antoi kymmenet käskyt, ainoat Raamatun sanat, jotka Kristus oli kirjoittanut omalla sormellaan (2. Moos. 20:1–17; 31:18). Lepopäiväkäsky kymmenen käskyn keskellä osoittaa sinettinä, kuka on antanut tämän täydellisen lain, josta ei piirtoakaan häviä. Lain antaja on Luoja, Herra sinun Jumalasi, joka "teki taivaan ja maan ja meren ja kaikki, mitä niissä on" (2. Moos. 20:8–11).

Jeesuksen esimerkki

Kristus, joka on koko luomakunnan Herra ja "sapatinkin Herra" (Mark. 2:28). On täydellinen ja luotettava esimerkki oikeassa sapatin vietossa. Jeesus toimi Nasaretissa 30-vuotiaaksi arkisessa työssä puuseppänä. Hänen tapanaan oli mennä sapattina jumalanpalvelukseen. Julkisen työnsä aloitettuaan "hän saapui Nasaretiin, jossa hänet oli kasvatettu, ja meni tapansa mukaan sapatinpäivänä synagogaan ja nousi lukemaan" (Luuk.4 :16).

Jeesus osoitti kunnioituksensa antamaansa sapattia kohtaan poistamalla kaikki sapattia rasittavat ihmiskäskyt, jotka kielsivät mm. sairaiden parantamisen sapattina. Jeesuksen esimerkin mukaan sapatti on jumalanpalveluspäivä, jolloin tulee auttaa kärsiviä ja sairaita ja tehdä hyvää, nauttia Luojan kauniista luonnosta ja lukea Raamattua vapaana arkisista askareista.

Sapatti – lunastuksen merkki

Jeesus antoi sapatin luomistyönsä muistomerkiksi. Mutta Jeesus kytki sapatin myös *synnin* eli Egyptin *vallasta vapautumisen merkiksi* (5. Moos. 5:12–15). Miksi näin? Egyptistä vapautuminen on, samalla kun se on tosi tapahtuma, myös vertauskuva synnin orjuudesta vapautumisesta. Syntisen ihmisen voi ainoastaan Jumalan luomisvoima uudistaa. Tätä tapahtumaa kutsutaan uudestisyntymiseksi. Se on Jumalan aikaansaannos ihmisessä, joka alistuu hänen johtoonsa. Samoin se sisäinen kasvu, joka päivittäin tapahtuu Jumalan armon vaikutuspiirissä olevassa ihmisessä ja jota Raamattu kutsuu pyhitykseksi, on Jumalan aikaansaannos. "Myöskin sapattini minä annoin heille, olemaan merkkinä minun ja heidän välillään, että he tulisivat tietämään, että minä olen Herra, joka pyhitän heidät" (Hes. 20:12). Jumalan luomisvoimana ihmiseen palautuu Jumalan kuva, joka synnin seurauksena turmeltui. Jumalan luomisvoiman tuloksena kaikki lunastetut heijastavat kerran Jumalan valtakunnassa koko olemuksellaan Jumalan luonteen puhtautta ja kauneutta. Sen vuoksi sapatti on myös lunastuksen merkki. Kun Jeesus ristillä antoi täydellisen uhrin meidän edestämme, hän sanoi: "Se on täytetty" (Joh. 19:30). Sovitettuaan meidän syntimme Golgatan ristillä Jeesus lepäsi sapatin haudassa ja nousi kuolleista viikon ensimmäisenä päivänä. Sapatti on siten paitsi luomistyön myös Kristuksen suorittaman lunastustyön muisto.

Väärennetty viikkojärjestys

Me kaikki tiedämme, että Raamatun mukaan Jeesus kuoli perjantaina, lepäsi haudassa lauantain, viikon seitsemännen päivän, ja nousi kuolleista sunnuntaina, viikon ensimmäisenä päivänä. Vuoden 1973 alusta Suomessa on kalenteri, jonka mukaan maanantai on viikon ensimmäinen päivä ja sunnuntai viikon seitsemäs päivä. Tämä muutos perustuu kansainvälisen standardisoimisjärjestön (ISO) suositukseen ja Helsingin yliopiston konsistorin v. 1971 tekemään päätökseen. On selvää, että mikään järjestö tai yliopisto ei pysty muuttamaan Jumalan antamaa viikkojärjestystä. Vaikka muutettu viikkojärjestys ei muutakaan viikon seitsenpäiväistä rytmiä, voi se kuitenkin aiheuttaa sekaannusta joidenkin ihmisten mielessä.

Jeesus korostaa sapatin tärkeyttä

Ennustaessaan Jerusalemin hävityksestä Jeesus kehotti häneen uskovia pakenemaan: "Mutta kun te näette Jerusalemin sotajoukkojen ympäröimänä, silloin tietäkää, että sen hävitys on lähellä" (Luuk. 21:20). Jeesus kehotti: "Mutta rukoilkaa, ettei teidän pakonne tapahtuisi talvella eikä sapattina" (Matt. 24:20). Jeesuksen käskyn mukaan kristityt rukoilivat lähes neljänkymmenen vuoden ajan Jeesuksen ylösnousemuksen jälkeen, että heidän pakonsa ei tapahtuisi sapattina. Rooman sotajoukkojen piirittäessä Jerusalemia v. 70 jKr. sotajoukot yhtäkkiä keskellä viikkoa vetäytyivät pois. Silloin kristityt Jeesuksen käskystä pakenivat ja säilyttivät henkensä. Jokainen sapatin hetki on niin siunattu, että kannatti rukoilla neljänkymmenen vuoden ajan, että silläkin viikolla, jolloin pako Jerusalemista tapahtui, he saisivat viettää sapatin pyhään tarkoitukseen erotettuna nauttien Jeesuksen sapatille, Herran pyhäpäivälle, antamista siunauksista. Varmasti nämä rukoukset muistuttavat kristityille toistuvasti, miten suuressa arvossa Jeesus piti sapatin siunauksia.

Apostolien esimerkki

Tapahtuiko Jeesuksen kuoleman ja ylösnousemuksen jälkeen mitään muutosta suhtautumisessa sapattiin? Pakanain apostolilla Paavalilla oli samoin kuin Jeesuksella tapana mennä sapattina jumalanpalvelukseen. "Ja tapansa mukaan Paavali meni sisälle heidän luoksensa ja keskusteli kolmena sapattina heidän kanssansa, lähtien kirjoituksista" (Ap. t. 17:2). Paavali toimi Korintissa puolentoista vuoden ajan teltantekijänä. "Ja he tekivät työtä yhdessä; sillä he olivat ammatiltaan teltantekijöitä. Ja hän keskusteli synagogassa jokaisena sapattina ja sai sekä juutalaisia että kreikkalaisia uskomaan".

Sunnuntai on aina arkipäivä Raamatussa

Uuden testamentin kirjoissa, jota on kirjoitettu 30–60 vuotta Jeesuksen ylösnousemuksen jälkeen, sunnuntaista käytetään aina nimitystä viikon ensimmäinen päivä. Sitä ei kertaakaan esitetä lepopäivänä vaan aina arkipäivänä. Eräissä Uuden testamentin rinnakkaisissa jakeissa viikon ensimmäinen päivä esitetään arkipäivänä ja sapatti esitetään lepopäivänä. Kreikkalaisen kristityn lääkärin Luukkaan evankeliumissa kerrotaan, miten Jeesus kuoli ristillä perjantai-iltapäivänä, valmistuspäivänä., jolloin sapatti oli alkamaisillaan. Raamatun mukaan sapatti alkaa auringonlaskusta. Pääsiäisen aikaan aurinko laskee Palestiinassa noin klo 18.

"Ja silloin oli valmistuspäivä, ja sapatti oli alkamaisillaan. Ja naiset, jotka olivat tulleet hänen kanssaan Galileasta, seurasivat jäljessä ja katselivat hautaa ja kuinka hänen ruumiinsa sinne pantiin. Ja palattuaan kotiinsa he valmistivat hyvänhajuisia yrttejä ja voiteita; mutta sapatin he viettivät hiljaisuudessa lain käskyn mukaan. Mutta viikon ensimmäisenä päivänä ani varhain he tulivat haudalle, tuoden mukanaan valmistamansa hyvänhajuiset yrtit". Seuraavana päivänä, sunnuntaina eli viikon ensimmäisenä päivänä, jatkettiin sapatiksi keskeytynyttä työtä, lähdettiin haudalle ja havaittiin, että Jeesus oli noussut ylös (Luuk. 23:54–56; 24:1). Näiden vuosikymmeniä Jeesuksen ylösnousemuksen jälkeen kirjoitettujen jakeiden mukaan Jeesus ristiinnaulittiin perjantaina, sapatin valmistumispäivänä. Seuraava päivä lauantai, sapatti, vietettiin "hiljaisuudessa lain käskyn mukaan". Sunnuntai, viikon ensimmäinen päivä, Jeesuksen ylösnousemuspäivä, esitetään arkipäivänä. Jos Jeesuksen ylösnousemuspäivä olisi aiheuttanut jonkin muutoksen lepopäivässä, olisi se varmasti mainittu tässä yhteydessä.

Mark. 16:1, 2 esitetään lauantai eli sapatti lepopäivänä,

koska ostokset tehtiin vasta kun sapatti oli ohi eli viikon ensimmäisenä päivänä.

Nämä ja kaikki muutkin Raamatun tekstit osoittavat selvästi, että lauantai, Raamatun mukainen viikon seitsemäs päivä, sapatti, on aina lepopäivä. Sunnuntaita, viikon ensimmäistä päivää, ei koskaan esitetä lepopäivänä. Milloin ja miksi sunnuntai on tullut lepopäiväksi? Miten on mahdollista, että miljoonat kristityt uskovat oppiin, josta Raamattu ei puhu sanaakaan?

Luopumus tapahtui vähitellen

Paavali kertoo Ap. t. 20:29, 30, että hänen lähtönsä jälkeen seurakunnan omasta keskuudesta "nousee miehiä, jotka väärää puhetta puhuvat". Apostolien henkilökohtaisen vaikutuksen loputtua, heidän kuolemansa jälkeen, ilmaantui seurakunnan keskuuteen pakanallisesta filosofiasta vaikutteita saaneita, usein juutalaisvastaisia kirkon miehiä, jotka alkoivat korostaa sunnuntaita, auringon päivää, jumalanpalveluspäivänä. Perusteena tälle alettiin myöhemmin selittää Jeesuksen ylösnousemus sunnuntaina. Todellinen syy oli kuitenkin pyrkimys saada kristityille ja pakanoille yhteinen jumalanpalveluspäivä.

Pakanoilla, jotka palvoivat aurinkoa ja auringonjumala Mitraa, oli Mitralle omistettu sunnuntai eli auringonpäivä pyhäpäivä. Koska auringonjumala Mitraa nimitettiin Dominukseksi, "Herraksi", on sunnuntai ollut pakanoille "Herran päivä" jo kauan ennen kristillistä aikaa. Koska Kristus on Luoja, "sapatinkin Herra", oli sapatti kristityille Herran päivä. Kun pakanoiden pyhäpäivälle annettiin kristillinen merkitys, oli pakanoiden helpompi omaksua kristinuskon ja pakanuuden sekoitus. Näin alkoi kristikunnassa toiselta vuosisadalta lähtien vähitellen Paavalin ennustama luopumus. Sunnuntai hiipi vähitellen vuosisatojen kuluessa ensin jumalanpalveluspäiväksi ja myöhemmin luopumuksen lisääntyessä lepopäiväksi kristilliseen, valtionkirkoksi muodostuneeseen, pakanuutta kristinuskoon sekoittaneeseen seurakuntaan.

Ensimmäinen sunnuntailaki

Ensimmäisen sunnuntailain antoi Rooman keisari Konstantinus v. 321 jKr. Keisari Konstantinus mainitaan valtioviisaana hallitsijana. Hän pyrki lisäämään valtakuntansa yhtenäisyyttä yhdistämällä kristinuskon ja aurinkoa palvovan pakanuuden, mitraismin. Konstantinuksen sunnuntailaista luemme: "Auringon kunnioitettavana päivänä tulee esivallan ja kaupungeissa asuvan kansan levätä ja kaikki työpaikat sulkea. Mutta maalla saavat ne, jotka harjoittavat maanviljelystä, luvan tehdä työtä". Tässä laissa korostetaan sunnuntaita auringonpäivänä, pakanallisena lepopäivänä.

Kirkolliskokous lepopäivän muutosta vahvistamassa

Noin v. 364 päätettiin Laodikean kirkolliskokouksessa sunnuntaista mm. "Älkööt kristityt seuratko juutalaisia olemalla laiskoja lauantaisin, vaan tehkööt he työtä sinä päivänä, mutta Herran päivää heidän tulee pitää erikoisessa kunniassa. Koska he ovat kristittyjä, tulee heidän, jos mahdollista lakata kaikesta työstä sinä päivänä". Tämä oli kirkon ensimmäinen ns. kanoninen asetus sapattia vastaan.

Tämä Laodikean kirkolliskokouksen päätös osoittaa, että sapatin vastustaminen aiheutui suuressa määrin juutalaisvastaisesta mielialasta. Lisäksi tämä päätös osoittaa, että vielä niin myöhään kuin 300-luvun jälkipuoliskolla oli kristillisessä kirkossa paljon sapattia viettäviä jäseniä, ehkä kokonaisia seurakuntia. Muutoin ei olisi ollut tarvetta antaa erityistä kehotusta sapatin vietosta luopumiseen.

On kuitenkin epäjohdonmukaista vastustaa sapattia eli lauantaita sillä perusteella, että juutalaiset pyhittivät lauantain lepopäivänä. Sillä onhan pelastus juutalaisista (Joh. 4:22). Tällaisilla perusteilla voitaisiin hylätä koko Raamattu ja kristinusko. Olivathan Kristus ja opetuslapset juutalaisia.

Arkkipiispa Erkki Kaila kirjoittaa Tietosanakirjassa (v.

1920) sanan sunnuntai kohdalla mm.: "Sunnuntai viikon ensimmäinen päivä, saanut nimensä auringosta. – – Alkukristillinen kirkko oli täysin tietoinen sabbatin ja s:n erosta. S. ei alkuaan ollut lepopäivä, vaan yhteiselle jumalanpalvelukselle pyhitetty. – – Vähitellen rupesi kirkko kuitenkin teroittamaan mieleen, että jumalanpalveluksen takia oli työt jätettävä. Laodikean kokous 372 kehotti kristityitä mahdollisuuksien mukaan jättämään arkityöt s:na. Ensimmäiset s.-lepoa tarkoittavat määräykset julkaisi Konstantiinus Suuri, joka nimenomaan tähdensi s:n sunnuntain merkitystä auringonpäivänä. Vielä sen jälkeen, kun kaikki muut työt s:na kiellettiin, olivat peltotyöt sallittuja. Vasta Maconin synodi 585 ja Chalonsin synodi 649 kielsivät nimenomaan myöskin peltotyöt. Vasta näinä aikoina kiellettiin s.-työ 3:nnen käskyn perusteella" (osa 9; palsta 201).

Sapatin asettaminen ennalleen

Kolmen enkelin sanomassa ensimmäinen enkeli sanoi suurella äänellä:

"Kumartakaa häntä, joka on tehnyt taivaan ja maan ja meren ja vetten lähteet" (Ilm. 14:7). Miten me voimme kumartaa Jumalaa Luojana? Pitämällä hänen käskemänsä luomistyön muistoksi annetun lepopäivän, sapatin, jonka Jeesus Kristus, Luoja ja sapatin Antaja, sekä apostolit pyhittivät.

Jo Vanhassa testamentissa ennustettiin, että Jumalan jäännöskansa, josta käytetään nimitystä "vaimon jälkeläiset" (Ilm. 12:17) ja "sinun jälkeläisesi" (Jes. 58:12) tulevat asettamaan ennalleen sen, minkä muinaiset polvet ovat muuttaneet.

"Sinun jälkeläisesi rakentavat jälleen ikivanhat rauniot, sinä kohotat perusmuurit, muinaisten polvien laskemat; ja sinun nimesi on oleva: "halkeamain umpeenmuuraaja" ja "teitten korjaaja maan asuttamiseksi." Jos sinä pidätät jalkasi sapattia rikkomasta, niin ettet toimita omia asioitasi minun pyhäpäivänäni, vaan kutsut sapatin ilopäiväksi, Herran pyhäpäivän kunnioitettavaksi ja kunnioitat sitä, niin ettet toimita omia toimiasi, et aja omia asioitasi etkä puhu joutavia, silloin on ilosi oleva Herrassa, ja minä kuljetan sinut maan kukkuloitten ylitse, ja minä annan sinun nauttia isäsi Jaakobin perintöosaa. Sillä Herran suu on puhunut" (Jes. 58:12–14).

Nyt on aika muurata umpeen se halkeama, joka on tehty Jumalan lakiin, kymmeniin käskyihin. Jeesus haluaa, että me kutsumme "sapatin ilopäiväksi, Herran pyhäpäivän kunnioitettavaksi". Tähänkin käskyynsä meidän Herramme Jeesus Kristus liittää suuria lupauksia. Hän vakuuttaa, että "silloin on ilosi oleva Herrassa". Jeesus haluaisi nostaa meidät laaksokokemuksista kukkulakokemuksiin ja antaa meille kerran taivaallisen perintöosan. Nämä lupaukset ovat varmoja, sillä ne on puhunut Herran suu.

8. Toisen enkelin sanoma

Sanoma Babylonin lankeemuksesta

Kolmen enkelin sanomassa toinen enkeli julisti: "Kukistunut, kukistunut on suuri Babylon, joka haureutensa vihan viinillä on juottanut kaikki kansat" (Ilm. 14:8). Babylon tulee sanasta Baabel, joka tarkoittaa sekoitusta (1. Moos. 11:9). Suhdettaan seurakuntaan Jumala vertaa avioliittoon. Niin läheiseksi ja kiinteäksi hän on tarkoittanut yhteyden hänen ja ihmisten välillä. Se kuvastaa myös, miten syvästi Jumala rakastaa ihmissielua ja seurakuntaansa maan päällä (Hoos. 2:19, 20; 2. Kor. 11:2; Ef. 5:31, 32). Tämän vuoksi seurakunnan uskottomuus Jumalaa kohtaan on Jumalan silmissä kuin seurakunta tekisi aviorikoksen. Kun muinainen Israel luopui antamasta opetuksesta, omaksui pakanuudesta vieraita näkemyksiä ja tapoja ja alkoi kulkea pakanajumalien jäljessä, Jumala kutsui tätä tekoa haureudeksi ja luopumuksen tiellä olevaa kansaansa portoksi (esim. Hes. 16 ja 23. luku).

Toisen enkelin sanoman tehtävänä on paljastaa, missä kristilliset seurakunnat ovat luopuneet Jeesuksen uskosta ja hänen opetuksestaan. Kristilliseen kirkkoon liittyi mieleltään kääntymättömiä pakanoita jopa maallisten etujen toivossa. Kun totuus vanhurskautumisesta uskon kautta hämärtyi, sai pakanallinen ihmistekoihin perustuva jumalanpalvelus jalansijaa. Pelastus saatiin kuulumalla kirkkoon ja osallistumalla sen sakramentteihin. Pakanalliset käsitykset syrjäyttivät Jeesuksen opetuksen kasteesta ja kuolemasta.

Raamatullinen kaste

Evankeliumin julistus ja kaste

Helluntaina Pietari ja muut apostolit julistivat Pyhällä Hengellä täytettynä ilosanomaa Jeesuksesta Kristuksesta tuhansille ihmisille. Kuulijat tulivat vakuuttuneiksi, että Jeesus oli luvattu Messias. He ymmärsivät, miten selvästi Raamatun ennustukset toteutuivat Jeesuksen elämässä ja kuolemassa. Jeesuksen uhrautuva elämä, vaikeneminen kun häntä ruoskittiin ja pilkattiin ja hänen häpeällinen ristiinnaulitseminen heidän syntiensä tähden sai kuulijat ymmärtämään Jeesuksen rakkauden suuruuden heitä kohtaan. Jeesuksen pyhyyden rinnalla he tunsivat oman huonoutensa, mutta samalla heissä heräsi toivo saada omistaa heille tarjottu, äärettömän kalliilla hinnalla ostettu pelastus. Syyllisyytensä tuntien he saivat piston sydämeensä ja kysyivät Pietarilta: "miehet, veljet, mitä meidän pitää tekemän" (Ap. t. 2:37).

Pyhän Hengen antamassa viisaudessa Pietari antoi lyhyen ja selvän vastauksen: "Tehkää parannus ja ottakoon kukin teistä kasteen Jeesuksen Kristuksen nimeen syntienne anteeksisaamiseksi, niin te saatte Pyhän Hengen lahjan" (Ap. t. 2:38). Kristuksen vanhurskauden valossa he näkivät oman kelvottomuutensa, mutta uskoivat, että Jeesus antaisi heille voimaa parannuksen tekemiseen. Tässä kristillisen kokemuksen vaiheessa, jolloin oma minä kelpasi vain haudattavaksi, kuului kehotus: "ottakoon kukin teistä kasteen". Jeesus tietää hyvin, että heikkoutensa tunteva ihminen pelkää tämän askeleen ottamista. Jeesus liittää kehotukseensa kasteen ottamisesta taivaan valtavan lupauksen syntien anteeksi saamisesta. Hän lupaa upottaa kaikki synnit meren syvyyteen. Hän haluaa ottaa meidät vastaan juuri sellaisina heikkoina ja huonoina kuin me olemme luvaten: "Vaikka teidän syntinne ovat veriruskeat, tulevat ne lumivalkeiksi" (Jes. 1:18).

Me näemme, että edessämme on elämän tie ja kuoleman tie. Tämän valinnan edessä katseemme kääntyy itseemme ja epäilemme, että emme pysty kulkemaan Jumalan tahdon tiellä. Siihen emme omassa voimassa pystykään. Juuri silloin Jeesus antaa meille taivaan toisen lupauksen: "niin te saatte Pyhän Hengen lahjan". Jeesus lupaa henkensä kautta tulla asumaan meidän sydämiimme. Hän lupaa poistaa kaikki roskat ja esteet oven edestä, jotta me saisimme oven auki ja voisimme lausua Vapahtajamme tervetulleeksi. Hän lupaa aterioida meidän kanssamme, olla meidän ystävämme jokaisen arkipäivänkin hetkenä. Hän tekee meissä kaikki tekomme niin, että voimme Paavalin tavoin sanoa: "Ja minä elän, en enää minä, vaan Kristus elää minussa" (Gal. 2:20). Jeesus lupaa pukea hänen vanhurskautensa valkeat vaatteet meidän päällemme: "Sillä kaikki te, jotka olette Kristukseen kastetut, olette Kristuksen päällenne pukeneet" (Gal. 3:27).

Pietari jatkaa kehotusta sanoin: "Antakaa pelastaa itsenne tästä nurjasta sukupolvesta" (Ap. t. 2:40). Kristus pyytää, että me vain annamme pelastaa itsemme. Kun me lakkaamme vastustelemasta, vetää Kristus rakkaudellaan meidät puoleensa.

Kuulijoiden joukossa oli kolmetuhatta henkeä, jotka uskoivat nämä lupaukset. "Jotka nyt ottivat hänen sanansa vastaan, ne kastettiin, ja niin heitä lisääntyi sinä päivänä noin kolmetuhatta sielua" (Ap. t. 2:41). Koska me voimme luottaa Jeesukseen, ei meillä ole mitään syytä viivytellä hänen vanhurskautensa vastaanottamisessa.

Minkälaiseksi Jeesukselle sydämensä oven avanneiden elämä muodostui? "Ja nauttivat ruokansa riemulla ja sydämen yksinkertaisuudella, kiittäen Jumalaa ja ollen kaiken kansan suosiossa" (Ap. t. 2:46, 47). Kun Jeesus sai poistaa synnin heidän elämästään, oli elämä riemua, kiitollisuutta ja iloa.

Kun seurakunnan jäsenet menettivät tämän yhteyden Kristukseen ja elävän uskon siihen, että Kristus on heidän vanhurskautensa, alkoivat he etsiä ihmetekoja ja muotomenoja pelastustiekseen.

Jeesuksen lähetyskäsky

Lähetyskäskyssään Matt. 28:19,20 Jeesus sanoo: "Menkää siis ja tehkää kaikki kansat minun opetuslapsikseni". Lähetystyössä tulee ensiksi mennä, sitten tehdä opetuslapsiksi. Opetuslapseksi tehdään antamalla opetusta niille, jotka ottavat sen vastaan. Tähän vaiheeseen liittyy läheisesti kaste, joka kuuluu opetuslapseksi tekemiseen. Jeesus jatkaa lähetyskäskyään: "kastamalla heitä Isän, Pojan ja Pyhän Hengen nimeen". Kasteen jälkeen seuraa koko elämän kestävä ja vielä ikuisuudessa jatkuva opetus: "ja opettamalla heitä pitämään kaikki, mitä minä olen käskenyt teidän pitää". Jeesus lupaa olla mukana tässä työssä maailman loppuun asti.

Vieläkin selvemmin tämä teksti voidaan ymmärtää Aapeli Saarisalon käännöksestä: "Menkää siis ja tehkää kaikista kansoista opetuslapsia ja kastakaa heitä Isän, Pojan ja Pyhän Hengen nimeen ja opettakaa heitä pitämään kaikki, mitä olen teille käskenyt". Ensin on siis julistettava evankeliumia, ja sitten ne, jotka sen omaksuvat, tulee kastaa Jeesuksen opetuslapsiksi. Ensin usko, sitten kaste.

Joka uskoo ja kastetaan

Jeesus esittää lähetyskäskynsä Mark. 16:15, 16 seuraavin sanoin:" Ja hän sanoi heille: "Menkää kaikkeen maailmaan ja saarnatkaa evankeliumia kaikille luoduille. Joka uskoo ja kastetaan, se pelastuu; mutta joka ei usko, se tuomitaan kadotukseen". Järjestys on tässäkin: ensin evankeliumin saarnaaminen kaikille, sitten sen omaksuminen uskossa ja sitten kaste. Raamatullisessa kasteessa esitetään aina tämä Jeesuksen esittämä järjestys: evankeliumin julistus, usko ja kaste.

Kaste esitetään Room. 6:3–6 vanhan ihmisen hautaamisena ja uuden ihmisen ylösnousemisena kasteen haudasta vaeltamaan uudessa elämässä Jeesuksen ylösnousemusvoimassa. Koko ihminen on syntinen. Vain upotuskaste voi kuvata vanhan ihmisen hautaamista ja uuden ylösnousemista. Vain evankeliumin sanoman kuulleen ja uskossa sen vastaanottaneen ihmisen kaste voi olla vanhan ihmisen hautaamista ja sitten uudessa elämässä vaeltamista, "että synnin ruumis kukistettaisiin, niin ettemme enää syntiä palvelisi". Nämä Raamatun sanat osoittavat, että vain Kristuksen ansion kautta me voimme saada voiton synnistä. Joka on kuollut vanhalle elämälle Kristuksen kanssa, saa hänen armostaan uskon kautta Kristuksen vanhurskauden, hänen luonteensa.

Kaste upottamalla

Jeesuksen käsky ja esimerkki on varmasti turvallinen seurattavaksi. Jeesuksen kasteesta kerrotaan Matt. 3:13–16. Jeesus tuli Jordanille kastettavaksi. Johannes esteli häntä. Jeesuksen ei tarvinnut kuolla vanhalle ihmiselle ja aloittaa uutta elämää. Miksi Jeesus tuli kasteelle? Jeesus sanoi: "salli nyt, sillä meidän sopii täyttää kaikki vanhurskaus". Hänet kastettiin upottamalla, mikä käy ilmi sanoista: "Kun Jeesus oli kastettu, nousi hän kohta vedestä". Tätä tarkoittaa alkutekstin sanakin: baptidzein – upottaa veden alle.

Johannes kastoi Ainonissa, koska siellä oli paljon vettä (Joh. 3:23). Jos raamatullinen kaste olisi suoritettu valelemalla, olisi siihen riittänyt pieni maljallinen vettä, ja kaste olisi voitu suorittaa missä tahansa.

Raamatun esimerkkejä

Kaste "ei ole lihan saastan poistamista, vaan hyvän omantunnon pyytämistä Jumalalta" (1. Piet. 3:21). Kaste ei sinänsä poista meiltä synnin saastaa, vaan ainoastaan Jeesuksen veri voi puhdistaa meidät kaikesta synnistä. Noudattamalla Jeesuksen kastekäskyä ja hänen esimerkkiään saamme varmasti hyvän omantunnon.

Tiit. 3:3–5 kertoo, millaisia me ihmiset olemme luonnostamme ennen uudestisyntymistä. Kun Jumalan hyvyys ja rakkaus, joka ilmenee rajattoman voimakkaana Jeesuksen suuressa uhrissa meidän hyväksemme, kirkastuu, herättää se vastarakkautta meidän sydämessämme, halun kuolla vanhalle elämälle ja aloittaa uuden elämän Jeesuksen avulla. Jumala ei odota, että me pystymme tekemään hyviä tekoja vanhurskaudessa ennen pelastumistamme. Meidän Vapahtajamme haluaa ottaa meidät vastaan sellaisina heikkoina ja huonoina kuin olemme. Kun Jumalan hyvyys on saanut herättää meissä halun pelastua, tehdä parannuksen, kokea uudestisyntymisen, Jeesus kutsuu meitä kasteelle, joka on uudestisyntymisen peso. Jeesus tietää, että me emme pysty vaeltamaan uudessa elämässä omassa voimassamme. Siksi hän lupaa meille Pyhän Hengen uudistuksen, päivittäin taivaallista voimaa elämän tiellä vaeltamiseen (Ap. t. 2:37–41).

Jos me lakkaamme vastustelemasta, niin Jumalan rakkaus vetää meitä vastustamattomasti puoleensa. Tänä päivänä Herra panee eteemme elämän tien ja kuoleman tien. Valitse elämä, niin saat elää. Jeesus sanoo tänäkin päivänä: "Joka tahtoo, ottakoon elämän vettä lahjaksi" (Ilm. 22:17).

Apostolit noudattivat toiminnassaan aina Jeesuksen esittämää järjestystä: "evankeliumin julistus, usko ja kaste (Ap. t. 2:37–41; 8:12). Etiopialaisen hoviherran kasteesta kerrotaan Ap. t. 8:35–39. Hän ei ymmärtänyt lukemaansa Raamatun sanomaa. Herra lähetti Filippuksen julistamaan hänelle evankeliumia Jeesuksesta. Hän omaksui ja uskoi sen. Veden ääreen tultaessa hoviherra kysyi: "Mikä estää kastamasta minua"? Filippus ja hoviherra astuivat kumpikin veteen ja Filippus kastoi hänet. Hoviherra jatkoi matkaansa iloiten. Jeesuksen käskyn ja esimerkin noudattamisen seurauksena on ilo, riemu ja onni. Eikö sinunkin kannata valita Jeesuksen tahdon tie?

Perhekuntien kastaminen
Uudessa testamentissa kerrotaan muutamia tapauksia perhekuntien kastamisesta. Näiden tapauksien perusteella on väitetty, että jo apostolien aikana oli lapsikaste ollut käytännössä. Sen vuoksi on syytä pysähtyä tarkastelemaan näitä tapauksia lähemmin.

Lyydian perhekunnan kastamisesta kerrotaan Ap. t. 16:13–15. Paavali työtovereineen meni sapatinpäivänä joen rannalle ja puhui siellä kokoontuneille naisille. Lyydia "oli kuulemassa ja Herra avasi hänen sydämensä ottamaan vaarin siitä" ja hänet sekä hänen perhekuntansa kastettiin. Lyydia sanoi: "Jos te pidätte minua Herraan uskovaisena, niin tulkaa minun kotiini". Jeesuksen esittämä järjestys ilmenee selvänä: evankeliumin julistus, sen vastaanottaminen uskossa ja kaste. Lyydian perhekuntaan kuuluvien jäsenten iästä ei puhuta mitään.

Vanginvartijan perhekunnan kasteesta kerrotaan Ap. t. 16:30–34; Paavalin ja Silaan rukoukset ja ylistyslaulut vankilassa sekä heidän maanjäristyksen kautta tapahtunut vapautumisensa vankilasta tekivät vanginvartijaan suuren vaikutuksen ja hän sanoi: "Herrat, mitä minun pitää tekemän, että minä pelastuisin"? Niin he sanoivat: "Usko Herraan Jeesukseen, niin sinä pelastut, niin myös sinun perhekuntasi". Ja he puhuivat Jumalan sanaa hänelle ynnä kaikille, jotka hänen kodissaan olivat. – – ja hänet ja kaikki hänen omaisensa kastettiin kohta. – – Ja hän riemuitsi siitä, että hän ja koko hänen perheensä oli tullut Jumalaan uskovaksi". Järjestys on tässäkin selvä. Jumalan sanaa puhuttiin *kaikille*, koko hänen perheensä oli tullut Jumalaan uskovaksi; "ja hänet ja *kaikki* hänen omaisensa kastettiin kohta".

Krispuksen, synagogan esimiehen, perheenkaste mainitaan Ap. t. 18:8. "Krispus ja koko hänen perhekuntansa uskoivat Herraan; ja myös monet korinttolaiset, jotka olivat kuulemassa, uskoivat ja heidät kastettiin".

Stefanaan perhekunnan kasteesta mainitaan lyhyesti 1. Kor. 1:16. "Kastoinhan tosin Stefanaankin perhekunnan; sitten en tiedä, olenko ketään muuta kastanut". Jumala ei tässä tapauksessa halua jättää ketään epätietoiseksi, vaan Pyhä Henki johdatti Paavalin kirjoittamaan saman kirjeen lopussa, 1. Kor. 16:15, lisää Stefaanan perhekunnasta: "Te tunnette Stefaanan perhekunnan ja tiedätte, että se on Akaian ensi hedelmä ja että he ovat antautuneet pyhään palvelukseen". Koska he olivat antautuneet Jumalan työhön, on selvää, että he eivät olleet pieniä lapsia.

Lapset ja Jumalan valtakunta

Miten on lasten laita, koska Raamatun opetuksen mukaan kaste seuraa uskoa? Raamatun vastaus tähän on hyvin selvä ja yksinkertainen. Kun äidit toivat lapsia Jeesuksen siunattaviksi ja opetuslapset nuhtelivat tuojia, sanoi Jeesus: "Sallikaa lasten tulla minun tyköni, älkää estäkö heitä, sillä senkaltaisten on Jumalan valtakunta" (Mark. 10:13, 14). Näin Jeesus sanoi lapsista, joita ei varmasti ollut kastettu. Jumalan valtakunta kuuluu heille lapsina ilman kastetta. Jeesus ei kastanut lapsia vaan siunasi heidät (Mark. 10:16). Tänäkin päivänä vanhemmilla on etuoikeus tuoda lapsensa rukouksen käsivarsin Jeesuksen siunattaviksi.

Apostoli Paavali esittää, että jos toinenkin vanhemmista on Jeesukseen uskova, niin lapset ovat pyhiä (1. Kor. 7:14). Lasten on taivasten valtakunta tämän mukaan ilman kastetta toisenkin vanhemman uskon perusteella. Kun lapset tulevat siihen ikään, että he voivat kuulla evankeliumin sanomaa ja uskoa siihen, panee Jumala heidän eteensä elämän ja kuoleman tien. Jos lapsi ei silloin vastustele Jeesuksen rakastavaa ja hellää kutsua, saa hän Jumalan tekona uskon, halun pyrkiä parannukseen, uudestisyntymisen-kokemuksen. Silloin Jeesus kutsuu häntä: "Nouse, huuda avuksi hänen nimeänsä ja anna kastaa itseäsi ja pestä pois syntisi" (Ap. t. 22:16).

Luopumuksen seuraus

Kun evankeliumin sanoman suurenmoisin totuus, että me voimme saada vanhurskauden vain Jeesuksen armosta uskon kautta, alkoi himmentyä, koetettiin pelastusta saada omilla teoilla pakanoiden tapaan. Jeesuksen uskon ja apostolien opetuksen tilalle otettiin ihmisoppeja. Lapsikaste, josta raamatussa ei ole yhtään käskyä eikä esimerkkiä, josta Raamattu ei puhu sanaakaan, syrjäytti vähitellen vuosisatojen kuluessa upottamalla tapahtuvan uskovien kasteen, jonka Jeesus antoi ja jonka hän ja apostolit esimerkillään vahvistivat. Tässäkin toteutui Raamatun sana, että apostolien ajan jälkeen seurakunnassa tapahtuu luopumusta: "ja teidän omasta joukostanne nousee miehiä, jotka väärää puhetta puhuvat, vetääkseen opetuslapset mukaansa" Ap. t. 20:29, 30). Lapsikaste alkoi saada jalansijaa kristillisessä seurakunnassa pakanallisesta filosofiasta vaikutteita saaneiden kirkonmiesten kautta toiselta vuosisadalta alkaen.

Jeesus varoittaa meitä tekemästä tyhjäksi Jumalan käskyä perinnäissäännöllä, ihmiskäskyllä (Matt. 15:6). Jeesus sanoo: "Turhaan he palvelevat minua opettaen oppeja, jotka ovat ihmiskäskyjä" (Matt. 15:9). "Jokainen istutus, joka ei ole minun taivaallisen Isäni istuttama, on revittävä juurineen irti maasta" (Matt. 15:13). Lapsikaste on ihmiskäsky, joka johtaa Jeesuksen käskyn tyhjäksi tekemiseen. Raamatun mukaan on vain "yksi Herra, yksi usko ja yksi kaste" (Ef. 4:5). *Raamattu tuntee vain upottamalla tapahtuvan uskovan kasteen.* Raamatun mukaan lapsikaste ei ole kaste, *vaan ihmisoppi*, joka tuudittaa monet ihmiset väärään rauhaan ja estää heitä ottamasta vastaan totuutta sellaisena kuin Jeesus esittää sen.

Kuoleman ongelma

Missä kuolleet ovat?

Jeesus esittää kuoleman unena. Hän sanoi Lasaruksesta, joka oli ollut neljä päivää kuolleena ja oli jo mätänemistilassa: "ystävämme Lasarus nukkuu, mutta minä menen herättämään hänet unesta" (Joh. 11:11). Jeesukseen uskovalle kuolemassa ei ole mitään pelättävää, kuten ei yön unessakaan. Kun hän ummistaa silmänsä kuoleman uneen, seuraava silmänräpäys on hänen tietoisuudessaan ylösnousemus Jeesuksen tullessa kunniassaan ja kirkkaudessaan noutamaan pelastettuja taivaskotiin.

Paavali esittää 1. Tess. 4:13–18, miten on poisnukkuneiden laita ja mihin perustuu kristittyjen toivo: "Mutta me emme tahdo pitää teitä, veljet, tietämättöminä siitä, kuinka poisnukkuneiden on, ettette murehtisi niin kuin muut, joilla ei toivoa ole. Sillä jos uskomme, että Jeesus on kuollut ja noussut ylös, niin samoin on Jumala Jeesuksen kautta myös tuova poisnukkuneet esiin yhdessä hänen kanssaan. Sillä sen me sanomme teille Herran sanana, että me, jotka olemme elossa, jotka jäämme tänne Herran tulemukseen, emme suinkaan ehdi ennen niitä, jotka ovat nukkuneet. Sillä itse Herra on tuleva alas taivaasta käskyhuudon, ylienkelin äänen ja Jumalan pasuunan kuuluessa, ja Kristuksessa kuolleet nousevat ylös ensin; sitten meidät, jotka olemme elossa, jotka olemme jääneet tänne, temmataan yhdessä heidän kanssaan pilvissä Herraa vastaan yläilmoihin; ja niin me saamme aina olla Herran kanssa. Niin lohduttakaa siis toisianne näillä sanoilla".

Jeesukseen uskovien lohdutus on, että Kristuksessa kuolleet nukkuvat ylösnousemukseen asti. Silloin Herra Jeesus tulee alas taivaasta enkeliensä kirkkaudessa ja Jumalan pasuunan kuuluessa. Silloin kaikkien aikojen pelastetut saavat samanaikaisesti ja yhdessä kohdata rakkaan Vapahtajansa ja niin "aina olla Herran kanssa". Miten lohduttava ja riemullinen onkaan Jeesuksen opetus kuoleman unesta.

Milloin kuolemattomuus saadaan?

"Katso, minä sanon teille salaisuuden: emme kaikki kuolemaan nuku, mutta kaikki me muutumme, yhtäkkiä, silmänräpäyksessä, viimeisen pasuunan soidessa; sillä pasuuna soi, ja kuolleet nousevat katoamattomina, ja me muutumme. Sillä tämän katoavaisen pitää pukeutuman katoamattomuuteen, ja tämän kuolevaisen pitää pukeutuman kuolemattomuuteen. Mutta kun tämä katoavainen pukeutuu katoamattomuuteen ja tämä kuolevainen pukeutuu kuolemattomuuteen, silloin toteutuu se sana, joka on kirjoitettu: "Kuolema on nielty ja voitto saatu" (1. Kor. 15:51–54). Jeesuksen tulessa takaisin kaikki pelastetut, sekä elossa olevat ylösnousseet, saavat kuolemattomuuden, ikuisen nuoruuden ja terveyden.

Kuolemattomuus armolahjana

Ihmisellä ei luonnostaan ole kuolemattomuutta, mutta hän

saa sen Kristuksen sovitustyön ansiosta armolahjana. Ainoastaan Jumalalla on kuolemattomuus; "jolla ainoalla on kuolemattomuus; joka asuu valkeudessa, mihin kukaan ei taida tulla" (1. Tim. 6:16). Synnin tähden ihminen on kuoleman alainen. Jeesuksen ansiosta jokainen syntinen voi saada iankaikkisen elämän lahjana: "Sillä synnin palkka on kuolema, mutta Jumalan armolahja on iankaikkinen elämä Kristuksessa Jeesuksessa, meidän Herrassamme" (Room. 6:23).

"Kuolleet eivät tiedä mitään"
Jumala vakuttaa sanassaan tavattoman selvästi, että "kuolleet eivät tiedä mitään" (Saarn. 9:5, 6). "Tee kaikki, mitä voimallasi tehdyksi saat, sillä ei ole tekoa, ei ajatusta, ei tietoa eikä viisautta tuonelassa, jonne olet menevä" (Saarn. 9:10). Raamattu korostaa aina voimakkaasti, miten meidän tämän elämän aika on tehtävä ratkaisumme. Nyt meidän on otettava vastaan pelastus ilmaisena armolahjana ja tehtävä parannus, sillä kuoleman jälkeen se ei enää ole mahdollista. Nyt meidän on otettava vastaan totuus, pantava toivomme Kristukseen, sillä "eivät hautaan vaipuneet pane sinun totuuteesi toivoansa" (Jes. 38:18). Nyt Jumala tarjoaa sanansa totuutta runsain määrin jokaiselle, pelastusta Kristuksessa kaikkein heikoimmallekin.

Onko sielu kuolematon?
Oppi sielun luontaisesta kuolemattomuudesta on pakanuudesta kristinuskoon tullut Raamatulle vieras oppi. Raamatussa mainitaan sielu noin tuhat kertaa, mutta ei yhtäkään kertaa sanan, kuolematon, yhteydessä. Sen sijaan Raamatussa usein esitetään, että sielu on kuoleva. "Se sielu, joka syntiä tekee, sen on kuoltava" (Hes. 18:4).

Kuolemattomuus voidaan saada vain Jumalan armolahjana, Jeesuksen Kristuksen kuoleman ja hänen sovitustyönsä kautta. Syntisinä meillä ei itsessämme ole kuolemattomuutta.

Vainajilta kysyminen

Paholainen, valheen isä, piti ensimmäisen saarnan sielun kuolemattomuudesta sanoessaan Eevalle, kun hän houkutteli tätä syömään hyvän- ja pahantiedon puusta: "Ette suinkaan kuole" (1. Moos. 3:4). Miksi sielun vihollinen haluaa opettaa, että ihminen on kuoleman ja ylösnousemuksen välisenä aikana tietoisessa tilassa? Tämä oppi on johtanut vainajahengiltä kysymiseen, spiritismiin. Koska Jeesuksen mukaan kuolleet nukkuvat ja "kuolleet eivät tiedä mitään", eivät nämä vainajahenget voi olla muuta kuin riivaajia, langenneita enkeleitä, jotka taitavasti pystyvät jäljittelemään kuolleita, heidän ulkonäköään, ääntään ja kokemuksiaan. Näin paholaiselle tarjoutuu mahdollisuus johtaa ihmisiä harhaan mitä houkuttelevimmalla ja kavalimmalla tavalla.

Jumala kieltää meitä mitä ankarimmin kysymään neuvoa vainajahengiltä: "Jos joku kääntyy vainaja- tai tietäjähenkien puoleen, – – sitä ihmistä vastaan minä käännän kasvoni ja hävitän hänet kansastani" (3. Moos. 20:6). "Älköön keskuudessanne olko ketään, – – joka lukee loitsuja, kysyy vainaja- tai tietäjähengiltä tahi kääntyy vainajien puoleen. Sillä jokainen, joka sen kaltaista tekee, on kauhistus herralle" (5. Moos. 18:9–15). Kuningas Saulin oli kuoltava "sen tähden, että hän oli kysynyt vainajahengiltä neuvoa" (1. Aikak. 10:13).

Vainajahenget ovat riivaajia

Pakanauskonnoissa uhrataan vainajahengille, pelätään ja lepytetään heitä. Tämä on keskeinen palvontamuoto pakanuudessa. Raamattu sanoo: "Mitä pakanat uhraavat, sen he tekevät riivaajille eikä Jumalalle" (1. Kor. 10, 20). Nämä vainajahenget ovatkin todellisuudessa riivaajia, pahoja henkiä.

Raamattu ennustaa, että nämä riivaajahenget tulevat lopun aikana tekemään suuria ihmeitä ja johtamaan ihmisiä harhaan. Riivaajat asettuvat jopa uskosta luopuneisiin seurakuntiin, Babyloniin. Spiritismin kautta riivaajat pääsevät vaikuttamaan kristillisissä seurakunnissakin. Kolmen enkelin sanoman tehtävänä on varoittaa kaikkia ihmisiä myös tästä kavalasta eksytyksestä. Vain pysymällä lujasti Jumalan sanan kallioperustalla me voimme välttyä joutumasta pimeyteen (Jes. 8:19, 20).

Pedon merkki

TOINEN JUMALA MAAN PÄÄLLÄ
SUNNUNTAI
LANGENNEEN KIRKON
VALLAN MERKKI
666
EIN GEÄNDERTER SABBAT

Jumalan sinetti

HERRA, SINUN JUMALASI
SEITSEMÄS PÄIVÄ
SAPATTI...
ON HERRAN, SINUN JUMALASI
SILLÄ KUUTENA PÄIVÄNÄ
HERRA TEKI TAIVAAN
JA MAAN...
2. Moos.20:8-11
TAIVAAN JA MAAN LUOJA

9. Kolmannen enkelin sanoma

Varoitus pedon merkistä

Kahden ensimmäisen enkelin sanomat olivat vakavia ja hätkähdyttäviä: Oikeudenkäynti ihmissielujen ikuisesta kohtalosta on jo käynnissä taivaassa, ja kristikunta on etääntynyt kauas alkuperäisestä Raamatun ilmoituksesta, on maallistunut eikä tajua ajan vakavuutta. Kaikkein vakavin ja hätkähdyttävin kolmen enkelin sanomasta on kuitenkin viimeinen, kolmannen enkelin sanoma: "Jos joku kumartaa petoa ja sen kuvaa ja ottaa sen merkin otsaansa tai käteensä, niin hänkin on juova Jumalan vihan viiniä, joka sekoittamattomana on kaadettu hänen vihansa maljaan." "Tässä on pyhien kärsivällisyys, niiden, jotka pitävät Jumalan käskyt ja Jeesuksen uskon" (Ilm. 14:9, 10, 12).

Kolmannen enkelin vavahduttavan sanoman ydin on: ota vastaan Kristuksen vanhurskaus uskon kautta hänen ansioihinsa. Anna hänen tehdä vanhurskauden teot, pitää Jumalan käskyt sinussa. Vain Kristus voi armossaan uskon kautta pyhittää sinut. Usko niin kuin Jeesus uskoi. Hän sanoi: "En minä itsestäni voi mitään tehdä. Isä, joka minussa asuu, tekee teot, jotka ovat hänen" (Joh. 14:10). Edelleen Jeesus sanoo meille: "Ilman minua te ette voi mitään tehdä" (Joh. 15:5).

Kolmas enkeli kehottaa meitä uskomaan niin lujasti Kristukseen ja hänen sanaansa, että ankarinkaan pedon eli antikristuksen vaino ei saa meitä luopumaan uskollisuudesta Kristukselle ja hänen käskyilleen ja kumartamaan petoa ja tottelemaan sen käskyä.

Samalla kolmas enkeli julistaa kaikkein ankarimman rangaistustuomion niille, jotka kumartavat eli tottelevat petoa ja sen kuvaa ja ottavat sen merkin. Jokaisen ajattelevan ihmisen tulisi tämän vuoksi tehdä kaikkensa saadakseen tietää, mikä on peto, pedon kuva ja merkki välttyäkseen tämän merkin ottamiselta ja siitä aiheutuvasta hirveästä kohtalosta.

Jumalalle uskolliset vainon kohteena

Ilmestyskirjan 12. luvun lopussa kerrotaan siitä ahdistuksesta, joka kohtaa Jumalalle uskollisia ajan lopussa, niitä, jotka eivät tottele petoa, vaan pitävät Jumalan käskyt. Aikaisemmin samassa luvussa kerrotaan siitä ahdistuksen ajasta, joka Jumalan kansalla oli läpi keskiajan kauas uudelle ajalle asti. Siitä kerrotaan näin:

"Ja kun lohikäärme näki olevansa heitetty maan päälle, ajoi hän takaa sitä vaimoa, joka oli poikalapsen synnyttänyt. Mutta vaimolle annettiin sen suuren kotkan kaksi siipeä hänen lentääksensä erämaahan sille paikalleen, jossa häntä elätetään aika ja kaksi aikaa ja puoli aikaa poissa käärmeen näkyvistä." (Ilm. 12:13, 14).

Lohikäärme tässä näyssä on itse sielunvihollinen, joka on kaiken vainon ja Jumalaa vastustavan toiminnan takana (Ilm. 12:9). Vaimo taas tarkoittaa Jumalalle uskollista joukkoa (1. Kor.11:2; Ef. 5:31, 32). Tässä esitetty ajanjakso "aika ja kaksi aikaa ja puoli aikaa" on sama, joka esiintyi myös Danielin kirjan seitsemännessä luvussa siinä yhteydessä, missä kerrottiin pienen sarven, antikristillisen vallan, toiminnasta ja harjoittamasta Jumalan kansan vainosta (Dan. 7:25). Kysymyksessä on siis paaviuden pitkä valtakausi v. 538–1798.

Jakeessa 17 esitetään sitten vavahduttava ennustus, että vaino puhkeaa uudestaan. Kun ensin on kerrottu, miten se pitkä vainonkausi, joka ulottui 1700-luvun lopulle asti, lopulta tyrehtyi, kerrotaan sen jälkeen: "ja lohikäärme vihastui vaimoon ja lähti käymään sotaa muita hänen jälkeläisiänsä vastaan, jotka pitävät Jumalan käskyt ja joilla on Jeesuksen todistus".

Tässä jakeessa kerrotaan ne tuntomerkit, joista vainon

kohteeksi joutuvat Jumalan omat tunnetaan. He pitävät Jumalan käskyt ja heillä on Jeesuksen todistus. Jeesuksen todistus on profetian henki (Ilm. 19:10). Raamatun profetioiden eli ennustusten avulla he osoittavat etukäteen paholaisen aikeet syöstä ihmiset tuhoon ja varoittavat kaikkia julistamalla kolmen enkelin sanomaa.

Oleellista heidän kohdallaan paholaisen hyökkäysten ja viimeisen suuren kriisin kannalta on, että he pyrkivät Jumalalle uskollisina ja hänen armoonsa turvautuen pitämään kaikki Jumalan käskyt. Tästä aiheutuu sielunvihollisen viha heitä kohtaan. Ja tästä on silloin kysymys myös pedon ja sen kuvan kumartamisessa ja pedon merkin ottamisessa, joista kolmannen enkelin sanoma vakavasti varoittaa.

Ilmestyskirjan pedon tunnistaminen

Aikaisemmassa yhteydessä antikristusta tutkiessamme totesimme, että tämä antikristillinen valta pyrki "muuttamaan ajat ja lait" (Dan. 7:25). Samalla totesimme, että Jumalan laissa, kymmenessä käskyssä, on ainoastaan lepopäiväkäsky sellainen, joka koskee aikaa. Nimenomaan tämä käsky on Rooman kirkon toimesta aikoinaan muutettu. Tällöin näyttää siltä, että Danielin kirjan seitsemännen luvun pieni sarvi, antikristillinen valta ja Ilmestyskirjan peto, joka velvoittaa ihmisiä ottamaan hänen merkkinsä, olisivat yksi ja sama valta.

Ilmestyskirjan pedosta, sen kuvasta ja pedon merkin ottamisesta kertoo erityisesti Ilmestyskirjan 13. luku. Vertaamme tämän luvun antamia tuntomerkkejä niihin tuntomerkkeihin, joita Danielin kirjan 7. luvussa esitetään pienen sarven ominaisuuksina. Näitä tuntomerkkejä on kaikkiaan kuusi.

Danielin kirjan "pieni sarvi"	Ilmestyskirjan peto
1) jae 24: "heidän jälkeensä nousee eräs muu". Nousee pakanallisen Rooman kukistumisen jälkeen.	1) jae 2: "ja lohikäärme antoi sille voimansa ja valtaistuimensa". Pakanallisen Rooman vallan perijä lohikäärme Rooman hahmossa vainosi Kristus-lasta (Ilm. 12:4,5).
2) Jae 20: "joka näytti suuremmalta kuin muut".	2) jae 4: "kuka on pedon vertainen".
3) Jae 8: "sillä sarvella oli suu, joka herjaten puhui".	3) jae 5: "ja sille annettiin valta puhua suuria sanoja ja pilkkapuheita."
4) Jae 25: "ne annetaan hänen käteensä ajaksi, kahdeksi ajaksi ja puoleksi ajaksi". 3 ½ v = 42 kk = 1260 pv. Valtakausi v. 538 – v. 1798.	4) jae 5: "ja sille annettiin valta tehdä sitä neljäkymmentäkaksi kuukautta". 42 kk = 1260 pv. Valtakausi v. 538 – v. 1798.
5) Jae 25: "hän puhuu sanoja Korkeinta vastaan".	5) jae 6: "Ja se avasi suunsa Jumalaa pilkkaamaan".
6) Jae 21: "se sarvi, jonka minä näin sotivan pyhiä vastaan ja voittavan heidät".	6) jae 7: "Ja sille annettiin valta käydä sotia pyhiä vastaan ja voittaa heidät".

Tämä vertailu osoittaa, että Danielin kirjan pienen sarven ja Ilmestyskirjan pedon tuntomerkit ovat täsmälleen samat. Kysymyksessä on siten sama antikristillinen valta, jollaiseksi katolinen kirkko ja paavinvalta keskiaikana kehittyivät.

Ilmestyskirjan 13. luku esittää tästä vallasta vielä yhden tuntomerkin, jota Danielin kirja ei esitä. Se kuuluu näin: "Tässä on viisaus. Jolla ymmärrys on, se laskekoon pedon luvun; sillä se on ihmisen luku. Ja se luku on kuusisataa kuusikymmentä kuusi" (Ilm. 13:18).

Muinaisessa Roomassa oli tapana laskea nimen luku. Se saatiin laskemalla yhteen nimen kirjainten lukuarvot. Latinalaisessa kirjaimistossa on tietyillä kirjaimilla lukuarvo, toisin sanoen niitä käytettiin myös numeromerkkeinä. Kirjaimistosta täysin erillistä numerojärjestelmää ei ollut. Nykyäänkin näitä latinalaisia kirjaimia käytetään lukuina vielä esim. lääkärin resepteissä. Siten I = 1, V = 5, X = 10, L = 50, C = 100, D = 500 ja M = 1000. Muut luvut saatiin näitä kirjaimia tarpeen mukaan yhdistelemällä.

Latinan kieli on katolisen kirkon kieli, ja paavista on käytetty latinankielistä virkanimitystä VICARIUS FILII DEI, suomeksi "Jumalan Pojan sijainen". On siis luonnollista, että tästä virkanimestä lasketaan nimen lukuarvo latinalaiseen tapaan.

Se tapahtuu seuraavasti:

V	=	5
I	=	1
C	=	100
A	=	–
R	=	–
I	=	1
U (V)	=	5
S	=	–
F	=	–
I	=	1
L	=	50
I	=	1
I	=	1
S	=	–
D	=	500
E	=	–
I	=	1
Yht.		666

Latinalaisessa kirjaimistossa äänteet V ja U merkittiin samalla äännemerkillä V. Siten sana VICARIUS kirjoitetaan alkuperäisen kirjoitustavan mukaan VICARIVS. Tästä paavin virkanimestä saadaan kirjainten lukuarvot yhteen laskemalla luku 666. Se on juuri pedon luku. Tämäkin tuntomerkki, kuten kaikki edellisetkin, sopii täsmällisesti paavin valtaan.

Pedon kuolinhaavan paraneminen ja vainon hengen herääminen

Danielin kirjan pientä sarvea tutkiessamme totesimme, että keskiajan antikristilliseksi vallaksi kehittynyt paavius menetti otteensa suuriin kansanjoukkoihin 1700-luvun lopulla Ranskan suuren vallankumouksen henkisessä murroksessa. Kuitenkaan tämä valta ei lakannut olemasta, se oli vain menettänyt mahdollisuutensa olla entisen kaltaisena voimatekijänä kansainvälisessä politiikassa.

Samoin Ilmestyskirjan 13. luvun mukaan näin tapahtuu myös Ilmestyskirjan pedolle. Mutta se esittää tällaisen olevan vain ohimenevä ilmiö. Peto nousisi uudestaan voimaansa. Ilmestyskirja esittää asian näin: "Ja minä näin yhden sen päistä olevan ikään kuin kuoliaaksi haavoitetun, mutta sen kuolinhaava parantui. Ja koko maa seurasi ihmetellen petoa" (Ilm. 13:3).

Nykyisin katolinen kirkko ei esiinny lainkaan samaan tapaan, kuin se menetteli keskiajan olosuhteissa. Monista näyttääkin siltä, että sellaiset olot ovat iäksi menneet. Raamatun ennustusten mukaan olosuhteet maailmassa tulevat kuitenkin muuttumaan siinä määrin, että ne, jotka haluavat olla Jumalalle uskollisia, joutuvat jälleen vainon kohteiksi. Samaan aikaan katolinen kirkko saa jälleen suuren vaikutusvallan.

Tämä viimeinen vaino ei kuitenkaan johdu yksinomaan Rooman kirkosta ja paavinvallasta. Ilmestyskirjan 13. luku esittää sen ohella kaksi muuta tekijää, jotka vaikuttavat osaltaan merkittävästi vainon hengen heräämiseen.

"Ja minä näin pedon nousevan merestä; sillä oli kymmenen sarvea ja seitsemän päätä, ja sarvissansa kymmenen kruunua, ja sen päihin oli kirjoitettu pilkkaavia nimiä. Ja se käyttää kaikkea ensimmäisen pedon valtaa sen nähden ja saattaa maan ja siinä asuvaiset kumartamaan ensimmäistä petoa, sitä, jonka kuolinhaava parani"

"Ja se villitsee maan päällä asuvaiset niillä ihmeillä, joita sen sallittiin tehdä pedon nähden; se yllyttää maan päällä asuvaiset tekemään sen pedon kuvan, jossa oli miekanhaava ja joka virkosi. Ja sille annettiin valta antaa pedon kuvalle henki, että pedon kuva puhuisikin ja saisi aikaan, että ketkä vain eivät kumartaneet pedon kuvaa, ne tapettaisiin".

"Ja se saa kaikki, pienet ja suuret, sekä rikkaat että köyhät, sekä vapaat että orjat, panemaan merkin oikeaan käteensä tai otsaansa, ettei kukaan muu voisi ostaa eikä myydä kuin se, jossa on merkki: pedon nimi tai sen nimen luku" (Ilm. 13:1, 12, 14–17).

Tämän mukaan Rooman kirkkoa kuvaavan pedon ohella vainon herättäjänä on myös karitsansarvinen peto ja sen yllytyksestä syntynyt järjestelmä, joka muistuttaisi Rooman kirkkoa ja josta Ilmestyskirja käyttää nimitystä pedon kuva. Tämän mukaan uusi Jumalalle uskollisten vaino tulee olemaan paljon laajapohjaisempi kuin ne vainot, joista keskiajan virallinen kirkko on vastuussa. Tämä vaino on yleismaailmallinen, koska karitsansarvisesta pedosta sanotaan, että "se saattaa maan ja siinä asuvaiset kumartamaan ensimmäistä petoa" ja että se saa kaikki ottamaan tavalla tai toisella pedon merkin. Samoin sanotaan myös ensimmäisestä, paavinvaltaa kuvaavasta pedosta, että sen kuolinhaavan paranemisen jälkeen "koko maa seurasi ihmetellen petoa" (Ilm. 13:3).

Karitsansarvinen peto – uusi maailmanvalta

Karitsansarvinen peto saa siis maan päällä asuvaiset kumartamaan ensimmäistä petoa eli roomalaiskatolista uskontojärjestelmää. Mikä on tämä karitsansarvinen peto?

Pedot tarkoittavat valtakuntia tai valtajärjestelmiä. Ilmestyskirjan 13. luvussa esitetään ne tuntomerkit, joiden avulla tämä peto on tunnistettavissa. Nämä tuntomerkit ovat seuraavat:

1. Sen nousu osuu samaan aikaan tai välittömästi sen jälkeen, kun paavinvalta sai kuolinhaavansa, koska tämä peto noustuaan saa maan päällä asuvaiset kumartamaan uudelleen kuolinhaavan saanutta petoa (Ilm. 13:11, 12).

2. Se nousee "maasta". Vedet tarkoittavat kansanjoukkoja (Ilm. 17:15). Tämä valtakunta syntyisi siis seuduille, missä entuudestaan ei ollut taajaväkistä asutusta, suuria kansanjoukkoja.

3. Sillä on karitsan sarvet. Karitsa on niin lauhkea, lempeä eläin, että Ilmestyskirja käyttää sitä kuvaamaan Kristusta. Esim. Ilm. 5:6; Ilm. 19:9. Tämä valtakunta pyrkisi siten toteuttamaan vapauden ja tasa-arvon kristillisiä periaatteita.

Näiden tuntomerkkien mukaan ainoa mahdollinen valtakunta on Pohjois-Amerikan Yhdysvallat. Se syntyi juuri Ranskan suuren vallankumouksen aattona, jonka vallankumouksen aikana paavius sai "kuolinhaavansa" vuonna 1798. Vuonna 1776 Englannin alaiset Pohjois-Amerikan siirtokunnat Atlantin rannikolla julistautuivat itsenäisiksi, Englannista riippumattomiksi Yhdysvalloiksi. Niiden vapaussota jatkui vuoteen 1783 asti, jollin Englanti vihdoin tunnusti siirtokunnat vapaiksi. Se jälkeen etenkin 1800-luvulla suuntautui tähän "rikkauksien ja vapauksien luvattuun maahan" valtaisa muuttoliike eri maista, niin että se paisui nopeasti valtatekijäksi maailmantaloudessa ja kansainvälisessä politiikassa.

Lisäksi Yhdysvallat syntyi alueelle, missä ei entuudestaan ollut taajaväkistä asutusta, vaan intiaaniheimoja harvakseltaan laajojen erämaiden keskellä. Se sai asukkaansa lähinnä Euroopasta sinne muuttaneesta väestöstä, joka vähitellen levittäytyi itärannikolle ensin syntyneiden siirtokuntien asuma-alueilta suureen länteen aina Isolle valtamerelle asti.

Yhdysvallat omaksuivat vihdoin erittäin vapaamielisen valtiosäännön ja myönsi asukkailleen ennenkuulumattoman suuret kansalaisvapaudet. Tämä johtui siitä, että Yhdysvaltain väestö koostui alun perin pääasiassa Euroopasta uskonnollista tai valtiollista sortoa pakoon lähteneistä ihmisistä, joille kaikkinainen sorto oli kauhistus. Sillä oli todella "karitsan sarvet".

Tämä "vapauden luvattu maa" tulee siis Ilmestyskirjan ennustuksen mukaan ennen pitkää muuttumaan luonteeltaan, niin että se näyttelee keskeistä osaa prosessissa, jonka tuloksena koko maailma tulee jälleen seuraamaan katolisen kirkon esimerkkiä ja omaksumaan sen vallan tunnuksen eli "merkin". Se "saattaa maan ja siinä asuvaiset kumartamaan ensimmäistä petoa, sitä, jonka kuolinhaava parani". "Ja se saa kaikki – – panemaan merkin oikeaan käteensä tai otsaansa". Tämä kaksi sarvinen peto muuttuu siten luonteeltaan, niin että se ajan mittaan "puhuu kuin lohikäärme".

Pedon kuva – Rooman kirkkoa muistuttava uskonnollinen järjestelmä

Ilm. 13:14, 15 mukaan Yhdysvallat tulee yllyttämään ihmisiä tekemään pedon kuvan. "Ja se villitsee maan päällä asuvaiset niillä ihmeillä, joita sen sallittiin tehdä pedon nähden; se yllyttää maan päällä asuvaiset tekemään sen pedon kuvan, jossa oli miekanhaava ja joka virkosi. Ja sille annettiin valta antaa pedon kuvalle henki, että pedon kuva puhuisikin ja saisi aikaan, että ketkä vain eivät kumartaneet pedon kuvaa, ne tapettaisiin".

Näissä jakeissa ennustetaan, että tulee muodostumaan katolisen kirkon kaltainen valta, pedon kuva. Katolinen kirkko on uskonnollinen valtajärjestelmä, joka syntyi suuren luopumuksen seurauksena, kun kirkko sulautui maailmaan keskiajan alussa. Pedon kuvan täytyy silloin myös olla uskonnollinen järjestelmä. Luopumuksen tietä se tulisi kehittymään täksi kuvaksi sen jälkeen, kun paavius ensin oli saanut kuolinhaavan.

Tällainen uskonnollinen järjestelmä on kehittymässä protestanttisuuden pohjalla. Protestanttiset kirkkokunnat syntyivät 1500-luvulla uskonpuhdistuksen seurauksena. Suurena ihanteena ja pyrkimyksenä oli silloin rakentaa usko ja seurakuntaelämä kokonaan Raamatun sanan perustukselle. Me näemme kuitenkin jo, että näistä suurista ihanteista ja tavoitteista on jouduttu luopumaan. Näin on tapahtunut erilaisten tieteellisten teorioiden, erityisesti kehitysopin vallatessa alaa. Kun kehitysoppi teki 1800-luvun jälkipuoliskolla suuren läpimurtonsa ja mainosti teorioitaan suuriäänisesti "tieteellisenä" maailmankatsomuksena, protestanttiset kirkkokunnat horjuivat. Ne näkivät välttämättömäksi sopeuttaa uskonnäkemyksensä ja teologiansa kehitysopin kaavaan. Näin tapahtui siitä huolimatta, että kehitysteoria on rakentunut suuressa määrin olettamuksien varaan, joilta puuttuvat riittävät todisteet. Mutta tällöin jouduttiin tekemään myös karkeaa väkivaltaa Raamatun sanomalle, jonka mukaan Jumala loi alussa täydellisen maailman, joka syntiinlankeemuksen tähden on turmeltunut ja rappeutunut ja tarvitsee Vapahtajaa. Jumalan sana ei enää ole se vankka kallioperusta, jolle rakennetaan. Mutta tällöin ollaan myös vaarassa joutua tuuliajolle ajan henkisten, taloudellisten ja yhteiskunnallisten muotivirtausten mukaan.

Samalla protestanttisten kirkkojen keskuudessa on virinnyt voimakas yhteistoimintatarve. Ekumeenisessa liikkeessä on monia arvokkaita piirteitä. Se koettaa lievittää ristiriitoja eri uskonnollisten yhdyskuntien välillä ja rakentaa siltoja. Yhteistoiminnallaan kirkot pyrkivät myös saamaan esiintymisellään enemmän voimaa.

Näihin yhteyspyrkimyksiin liittyy kuitenkin huolestuttavia piirteitä. Kun Jumalan sanalla Raamatulla ei enää ole ehdottoman auktoriteetin arvoa, yhteyteen ei pyritä Jumalan sanasta totuutta etsimällä. Mikäli uskonnäkemysten alueella etsitään yhteyttä, se tapahtuu lähinnä sovitellen ja eri osapuolten kesken myönnytyksiä tehden. Samalla etsitään yhteyttä myös Rooman kirkkoon. Näyttää siltä, kuin vakavan uskonkamppailun tuloksena syntyneen uskonpuhdistuksen henkisen perinnön korvaamaton arvo olisi unohtunut. Rooman kirkossa ei enää nähdä uskonpuhdistajien tapaan antikristillistä valtaa, josta Raamattu on selvästi ja ennustanut ja varoittanut. Kun uskonnäkemyksillä ei enää ole vankkaa raamatullista perustusta, ollaan ajautumassa Rooman syliin.

Raamattu ennustaa, että pedon kuva tullaan muodostamaan karitsansarvisen pedon ja Yhdysvaltain yllytyksestä. Yhdysvalloilla on tähän sopivat edellytykset. Se on maailman supervaltoja, joka tuntee syvää huolta maailmanrauhan säilymisestä ja kansojen välisen yhteisymmärryksen luomisesta. Toisaalta Yhdysvalloissa on vankat protestanttiset kirkkokunnat ja myös vankka katolisuus. On vain ajan kysymys, että protestantismin pohjalle muodostuu Yhdysvaltain yllytyksestä pedon kuva, järjestelmä, joka on valmis Rooman kirkon tapaan ja sen kanssa yhteistoiminnassa käyttämään pakkoakin, jotta kautta koko maapallon voitaisiin luoda yhteisymmärrys ja sopusointu.

Pedon merkin salaisuus

Karitsansarvinen peto eli Yhdysvallat saa myös aikaan, että kaikkialla maailmassa, kaikkien kansojen keskuudessa, ihmiset velvoitetaan ottamaan pedon merkki. Tämä liittyy erottomasti pedon ja sen kuvan kumartamiseen ja sitä aletaan vaatia lopulta kuolemanrangaistuksen uhalla (Ilm. 13:15–17).

Mikä on tämä pedon merkki? Viimeinen vaino kohdistuu niihin, jotka pitävät Jumalan käskyt ja joilla on Jeesuksen todistus eli profetian henki (Ilm. 12:17). Kolmen enkelin sanoma varoittaa pedon merkin ottamisesta. Tämän sanoman julistajien tuntomerkkejä on, että he "pitävät Jumalan käskyt ja Jeesuksen uskon" (Ilm. 14:12). Kolmen enkelin sanoma kehottaa kaikkia kumartamaan Jumalaa Luojana (Ilm. 14:7). Miten me voimme kumartaa Jumalaa Luojana? Pitämällä Luojan, Kristuksen, antaman lepopäivän, sapatin, joka on annettu luomisen muistoksi. Raamatun ennustuksen mukaan paavinvalta "pyrkii muuttamaan lait ja ajat" (Dan. 7:25) – eli lepopäiväkäskyn. Pedon merkin ottaminen on ristiriidassa Jumalan käskyjen pitämisen ja Luojan kumartamisen kanssa. Pedon merkin ottaminen on alistumista tottelemaan paavinkirkkoa pitämällä sen määräämä muutettu lepopäivä, sunnuntai, Kristuksen käskemän sapatin eli lauantain asemasta.

Väärä lepopäivä katolisen kirkon vallan merkki

Katolinen kirkko pitää lepopäivän muutosta todisteena sen vallasta. Rev. Stephen Keenan kirjoittaa katolisessa katekismuksessa:

"Kysymys: Voitko jollakin muulla tavalla todistaa, että kirkolla on valta asettaa juhlia ja antaa määräyksiä"?

"Vastaus: Jollei sillä olisi sitä valtaa, ei se olisi voinut tehdä sitä, mistä kaikki nykyajan uskovaiset ovat yhtä mieltä sen kanssa – se ei olisi voinut asettaa viikon ensimmäisen päivän, sunnuntaisin, viettämistä viikon seitsemännen päivän, lauantain, sijaan, jolle muutokselle Raamattu ei anna pienintäkään tukea". (A Doctrinal Catechism, s. 174). Katolinen kirkko siis pitää lepopäivän muutosta merkkinä sen vallasta.

Katolisia oppeja käsittelevässä kirjassa esitetään seuraavaa:

"Kysymys: Millä todistat, että kirkolla on valta määrätä juhlia ja pyhäpäivä"?

"Vastaus: Juuri sillä teolla, että se muutti sapatin sunnuntaiksi, jonka teon protestantitkin hyväksyvät. Ja sen tähden he narrimaisesti toimivat itseään vastaan, kun niin lujasti pitävät kiinni sunnuntaista, mutta rikkovat useimmat muut saman kirkon määräämät juhlat".

"Vastaus: pitäessään sunnuntain he tunnustavat, että kirkolla on valta määrätä pyhäpäivä". (An Abridgement of the Christian Doctrine (R:C) s. 58).

Baltimoren arkkipiispa, kardinaali James Gibbons esittää lepopäivän muutosta koskevassa kirjeessään marraskuulta 1895 seuraavaa:

"Tietenkin katolinen kirkko väittää, että tämä muutos

(päivän muuttaminen viikon seitsemänneltä päivältä viikon ensimmäiselle päivälle) oli sen työtä. Eikä toisin olisi voinut ollakaan.– – Tämä teko on kirkon uskonnollisia asioita koskevan vallan merkki"

Sapatti Jumalan asettama merkki

Jumala pitää sapattia merkkinä. hänen ja kansansa välillä. "Myöskin sapattini minä annoin heille, olemaan merkkinä minun ja heidän välillään, että he tulisivat tietämään, että minä olen Herra, joka pyhitän heidät" (Hes. 20:12). Sapatti osoittaa, että Jumala on Luoja ja se on merkkinä siitä, että vain hän voi pyhittää meidät. Sapatti osoittaa meidän täydellistä riippuvuuttamme Jumalasta, meidän Luojastamme ja Lunastajastamme. "Ja pyhittäkää minun sapattini; ne olkoot merkkinä välillämme, minun ja teidän, että tulisitte tietämään, että minä olen Herra, teidän Jumalanne" (Hes. 20:20). Sapatti osoittaa kuka on meidän Jumalamme. Hän on Herra, meidän Luojamme ja Lunastajamme, Jeesus Kristus, joka on antanut sapatin.

Paavinvalta, antikristus, pitää sunnuntaita valtansa merkkinä ja meidän Herramme Jeesus Kristus esittää sanassaan sapatin merkkinä. Kumpaa me tottelemme ja kumarramme, antikristillistä valtaa vai Luojaamme, Kristusta? Tästä on kysymys pian lähestyvässä viimeisessä taistelussa Kristuksen ja antikristuksen välillä.

Pedon merkin ottaminen

Se suuri kriisi, joka merkitsee pedon kuvan pystyttämistä ja johon liittyy myös pedon merkin ottaminen, ei ole vielä alkanut. Sunnuntainviettoa lepopäivänä ei siis nykyisellään voi vielä leimata pedon merkin ottamiseksi. Ellen G. White esittää tämän asian sattuvasti teoksessaan Suuri taistelu. Hän sanoo näin: "Menneiden sukupolvien kristityt viettivät sunnuntaita, luullen siten pitävänsä Raamatun sapattia; ja vieläkin on kaikissa kirkkokunnissa, myös roomalaiskatolisessa, tosi kristittyjä, jotka vilpittömästi uskovat, että sunnuntai on Jumalan määräämä lepopäivä.

Jumala hyväksyy heidän tarkoitustensa vilpittömyyden ja heidän rehellisen vaelluksensa hänen edessään. Mutta kun sunnuntain viettäminen säädetään lailla ja maailma saa kylliksi valoa oikean sapatin velvollisuuksista, silloin jokainen, joka rikkoo Jumalan käskyn, noudattaakseen määräystä, joka ei ole korkeamman vallan kuin Rooman kirkon antama, kunnioittaa sen kautta paavinvaltaa Jumalaa korkeampana. Hän osoittaa kunnioitusta Rooman kirkolle ja sille vallalle, joka koettaa pakottaa noudattamaan Rooman säätämää lakia. Hän kumartaa petoa ja sen kuvaa. Kun ihmiset silloin hylkäävät sen säännöksen, jonka Jumala on selittänyt valtansa merkiksi, ja sen asemasta kunnioittavat sitä, minkä Rooma on valinnut ylivaltansa merkiksi, he ottavat sen kautta merkin uskollisuudesta Roomaa kohtaan – 'pedon merkin'. Vasta sitten kun tämä kysymys on selvästi esitetty kansalle ja ihmiset ovat joutuneet valitsemaan Jumalan käskyjen ja ihmisten käskyjen välillä, ne, jotka jatkavat Jumalan käskyn rikkomista ottavat pedon merkin" (Suuri taistelu, s. 446).

Elävän Jumalan sinetti

On suurta Jumalan armoa, että hän on sanassaan paljastanut, mitä on odotettavissa, niin että voimme varautua sen suhteen. Nyt kun vielä on vapaus toimia, meidän tulisi kiinnittyä Jumalaan ja pyrkiä olemaan hänelle kaikessa kuuliaisia. Kun sitten koetuksen aika tulee, olisimme häneen niin kiinni kasvaneita ja hänen armossaan vahvistuneita, että voisimme kestää myrskyn raivon.

Jeesus Kristus toivoo, että meidän otsaamme olisi "kirjoitettu hänen nimensä ja hänen isänsä nimi" (Ilm. 14:1) ja että me olisimme hänen omikseen sinetöidyt, vapaat kaikesta, mikä yhdistäisi meitä niihin antikristillisiin voimiin, jotka ovat Jumalaa vastaan.

Profeetta Jesajan kautta Jumala on sanonut: "Sido todistus talteen, lukitse laki sinetillä minun opetuslapsiini (Jes. 8:16). Laissa on sinetti, joka ilmaisee, kuka on antanut lain. Lepopäiväkäsky täyttää sinetin vaatimukset.

Siinä on esitettynä lainantajan nimi, arvo ja vaikutusalue: "Herra teki taivaan ja maan ja meren ja kaikki, mitä niissä on" (2. Moos. 20:11). Sinetti Jumalan laissa, lepopäiväkäsky, ilmaisee, että lain antaja on Herra, sinun Jumalasi, Luoja, jonka vaikutusalue on "taivas ja maa ja meri ja kaikki, mitä niissä on".

Herra toivoo, että me kuuluisimme niihin, "jotka pitävät Jumalan käskyt ja Jeesuksen uskon" (Ilm. 14:12). Sillä kaikki uskolliset tulevat voittamaan. On suuri etuoikeus voida ja nyt valita voittajan osa ja olla kuuliainen kaikessa Jeesukselle Kristukselle. Viimeisessä vainossa antikristus liittolaisineen ei voita. "He sotivat Karitsaa vastaan, mutta Karitsa on voittava heidät, sillä hän on herrain Herra ja kuningasten Kuningas; ja kutsutut ja valitut ja uskolliset voittavat hänen kanssansa" (Ilm. 17:14). Vaikka Kristukselle uskolliset joutuvat käymään suuren ahdistuksen läpi, he tulevat selviytymään voittajina.

10. Maailma vailla Jumalan armoa

Armon ajan päättyminen

Kun maailma mukautuu kaikkialla yleisesti viettämään sitä väärää lepopäivää, jota se lakisääteisesti velvoitetaan viettämään, ihmiskunta on ottamassa kohtalokkaan askeleen. Sille on kolmen enkelin sanomassa annettu vakava varoitus pedon merkin ottamisesta. Sille on tehty tiettäväksi, mitä tämä kaikki merkitsee. Jokainen on tekevä tietoisesti ratkaisunsa. Ihmiskunta on astumassa yli sen rajan, missä Jumalan Hengen ääni ja Jumalan armo ei sitä enää tavoita.

Samaan aikaan tutkivalla tuomiolla taivaissa on edetty niin pitkälle, että kaikkien kohtalo, myös elossa olevien, on ratkaistu. Kun viimeinenkin ihminen on tehnyt lopullisen ratkaisunsa kolmen enkelin sanoman suhteen, on juhlallisen vakava hetki. Armon aika on päättynyt. Jumalan Henki ei enää vaikuta kenessäkään, joka ei ole asettunut Jumalan käskyille uskollisten joukkoon.

Ilmestyskirja esittää armon ajan päättymisen ja siihen liittyvän ratkaisevan käännekohdan näin: "Ja sen jälkeen minä näin: todistuksen majan temppeli taivaassa avattiin; ja ne seitsemän enkeliä, joilla oli ne seitsemän vitsausta, lähtivät temppelistä, puettuina puhtaisiin, hohtaviin pellavavaatteisiin ja rinnoilta vyötettyinä kultaisilla vöillä. Ja yksi niistä neljästä olennosta antoi niille seitsemälle enkelille seitsemän kultaista maljaa, täynnä Jumalan vihaa, hänen, joka elää aina ja iankaikkisesti. Ja temppeli tuli savua täyteen Jumalan kirkkaudesta ja hänen voimastansa, eikä kukaan voinut mennä sisälle temppeliin, ennen kuin niiden seitsemän enkelin seitsemän vitsausta oli käynyt täytäntöön" (Ilm. 15:5–8).

Kun temppeli taivaassa avataan, Jeesus poistuu pyhäköstä. Kun temppeli tulee savua täyteen, ei Jeesus enää toimi välittäjänä. Armon aika on lopullisesti päättynyt. Jeesus riisuu ylimmäispapillisen puvun ja pukeutuu kuningasten Kuninkaan ja herrain Herran vaippaan.

Seitsemän viimeistä vitsausta

Ilmestyskirjan 16. luku kuvailee millaisia ne seitsemän viimeistä vitsausta ovat, joissa "Jumalan viha täyttyy" (Ilm. 15:1). Nämä vitsaukset ovat hirveitä luonnonmullistuksia, jotka kohtaavat maata ja tekevät elämän osittain täysin mahdottomaksi. Ihmiskunta saa kokea sen Olennon voimaa, jonka arvovaltaa se on halveksinut.

Viisi ensimmäistä vitsausta

Seitsemän viimeistä vitsausta kuvataan Ilm. 16:1–21. Ensimmäisessä vitsauksessa "tuli pahoja ja ilkeitä paiseita niihin ihmisiin, joissa oli pedon merkki ja jotka kumarsivat sen kuvaa" (Ilm. 16:2). Toiseksi meri tuli vereksi. Kolmanneksi joet ja vesilähteet tulivat vereksi. Neljänneksi aurinko paahtoi ihmisiä, "mutta he eivät tehneet parannusta" (Ilm. 16:9). Viidennessä vitsauksessa pedon valtaistuin pimeni ja he "pilkkasivat taivaan Jumalaa tuskien ja paiseittensa tähden, mutta eivät tehneet parannusta teoistansa". Raamattu korostaa toistuvasti, että vitsausten aikana kukaan ei tee enää parannusta. (Ilm. 16:16). Vitsaukset seuraavat toisiaan hyvin nopeasti, sillä ensimmäinen vitsaus, paiseet, vaivasi vielä viidennen vitsauksen aikana.

Harmagedon ja kuudes vitsaus

Kun pedon valtaistuin pimenee näkevät maailman kansat, että Jumalan viha kohdistuu hänen kansansa vainoojiin. Ihmiset havaitsevat, että ne, jotka pitävät Jumalan käskyt eivät olekaan syypäitä vitsauksiin, kuten heille on opetettu. Todettuaan että heitä on petetty kansanjoukot raivostuvat. Babylon eli seurakunnat, joiden oppi on oikean ja väärän sekoitusta, menettävät kansanjoukkojen tuen.

Eufrat-virran kuivuminen kuvaa miten Babylon eli portto, joka istuu paljojen vetten päällä (Ilm.17:1), menettää kansojen tuen (Ilm. 16:2).

Samanaikaisesti spiritismi, jota tässä kuvataan lohikäärmeenä eli saatanana, peto eli paavinkirkko ja väärä profeetta eli langennut protestanttisuus, jotka vainajilta kysymisen kautta ovat joutuneet riivaajien asuinsijaksi, yllyttävät koko maanpiirin kuninkaat sotaan, määräämään kuolemanrangaistuksen niille, jotka eivät ota pedon merkkiä. Silloin tie on valmis auringonnoususta tuleville kuninkaille, Jeesukselle Kristukselle, kuningasten kuninkaalle ja taivaan enkeleille.

Vitsausten ankaruus ja niiden kohdistuminen Jumalan kansan vainoojiin ja Kristuksen uskollisten ollessa suojassa vitsauksilta saavat kansanjoukot lopulta näkemään taistelunsa mielettömyyden. He huomaavat kapinoineensa Luojaansa, Jeesusta Kristusta vastaan. Kaiken toivonsa menettäneinä ihmiset käyvät toistensa kimppuun raivoissaan syyttäen toisiaan. Maailma on nyt kypsä tuhottavaksi. Jeesus saapuu sotimaan kansansa puolesta ja pelastamaan heidät.

Seitsemäs vitsaus
"Ja seitsemäs enkeli vuodatti maljansa ilmaan ja temppelistä, valtaistuimelta, lähti suuri ääni, joka sanoi: 'Se on tapahtunut' " (Ilm. 16:17).

Seitsemäs vitsaus merkitsee kaiken lopullista päätöstä, kun Kristus tulee. Jumalan majesteettisuuden läsnäolon voimasta synnin saastuttama maa vapisee. "Ja tuli salamoita ja ääniä ja ukkosenjylinää; ja tuli suuri maanjäristys, niin ankara ja suuri maanjäristys, ettei sen vertaista ole ollut siitä asti, kuin ihmisiä on ollut maan päällä. – Ja kaikki saaret pakenivat, eikä vuoria enää ollut" (Ilm. 16:18, 20). Lopuksi hirmuinen raesade, jossa leiviskän painoiset rakeet piiskaavat maanjäristyksen runtelemaa maata, tekee tuhoaan Jumalaa uhmanneiden ihmisten keskuudessa.

Vitsausten syyt

Vitsaukset kohdistuvat niihin, jotka ottavat pedon merkin ja kumartavat pedon kuvaa, petoon eli paavinvaltaan ja suureen Babyloniin eli langenneisiin kirkkokuntiin. Miksi vitsaukset kohdistuvat maailmaan? "Maa on saastunut asukkaittensa alla, sillä he ovat rikkoneet lait, muuttaneet käskyt, hyljänneet iankaikkisen liiton. Sen tähden kirous kalvaa maata, ja sen asukkaat syystänsä kärsivät; sen tähden maan asukkaat kuumuudesta korventuvat, ja vähän jää ihmisiä jäljelle. (Jes. 24:5, 6). Minkä lain he ovat rikkoneet? Kymmenet käskyt. Minkä käskyn he ovat muuttaneet? Mikä on iankaikkinen liitto, jonka he ovat hyljänneet? Sapatti on ikuinen liitto (2. Moos. 31:16, 17).

Liian myöhään

Missä Jumalan kansa on vitsausten aikana? Kun viimeisen armonsanoman julistus on loppunut ja armonaika on päättynyt, sanotaan Jumalan kansalle: "Mene kansani kammioihisi ja sulje ovi jälkeesi, lymyä hetkinen, kunnes viha on ohitse mennyt"(Jes. 26:20, 21). Monet heräävät liian myöhään etsimään Jumalan sanaa. Pyhän Hengen hellä ääni ei kutsu enää ketään parannukseen. "Katso, päivät tulevat, sanoo Herra, Herra, jolloin minä lähetän nälän maahan: en leivän nälkää enkä veden janoa, vaan Herran sanojen kuulemisen nälän. Silloin he hoippuvat merestä mereen, pohjoisesta itään; he samoavat etsien Herran sanaa, mutta eivät löydä (Amos 8:11, 12).

On järkyttävää herätä etsimään Herran sanaa vasta sitten, kun armon ja parannuksen sanomaa ei enää julisteta. Silloin toteutuvat sanat: "Ja minä näin suuren, valkean valtaistuimen ja sillä istuvaisen, jonka kasvoja maa ja taivas pakenivat, eikä niille sijaa löytynyt (Ilm. 22:11).

Kristus uskollisten turvana

Vitsausten kohdatessa maailmaa kuuluu ylistysvirsi: Ihana on vanhurskasten osa. Kristus on kansansa turvana. Jotka ottavat vaarin hänen kärsivällisyytensä sanasta, pitävät hänen käskynsä, ne Jeesus pelastaa tulevasta koetuksen hetkestä (Ilm. 3:10; Ilm. 14:12). Pelastetut tulevat siitä suuresta ahdistuksesta (Ilm. 7:13, 14), mutta vainojenkin keskellä enkelit suojelevat ja ruokkivat heitä. Viimeisessä suuressa vainossa Kristukselle uskolliset eivät enää joudu voitetuksi. Karitsa on voittava ja uskolliset voittavat hänen kanssaan. Valitse nyt, kun vielä on armon ja rauhan aika, Jeesus Kristus ja olet voittajan puolella. Usko Jeesukseen, luota häneen lujasti ja ojentaudu hänen käskyjensä mukaan (Hepr. 11:1).

11. Jumalan armossa ja voimassa

Jumalan lain velvoittavuus

Jumalalle uskollisten tehtävä lopun lähestyessä on varoittaa maailmaa siitä suuresta luopumuksesta, jota kohti kristikunta on nopeasti menossa. Sen vuoksi he joutuvat korostamaan Jumalan käskyjen pitämisen välttämättömyyttä.

Tälle julistukselle on niin vankat raamatulliset perusteet, että tuntuu käsittämättömältä, että yleensä Raamattua lukevat ihmiset voivat päätyä tämän julistuksen vastaisiin ratkaisuihin elämässään. Jeesus korosti vuorisaarnassaan voimakkaasti Jumalan käskyjen ehdotonta velvoittavuutta. "Älkää luulko, että minä olen tullut lakia tai profeettoja kumoamaan; en minä ole tullut kumoamaan, vaan täyttämään. Sillä totisesti minä sanon teille: kunnes taivas ja maa katoavat, ei laista katoa pieninkään kirjain, ei ainoakaan piirto, ennen kuin kaikki on tapahtunut (Matt. 5:17, 18). Sitten hän osoittaa esimerkein, miten syvälle luotaavia nämä käskyt ovat: "Te olette kuulleet sanotuksi vanhoille: 'Älä tapa', ja: 'Joka tappaa, se on ansainnut oikeuden tuomion.' Mutta minä sanon teille: jokainen, joka vihastuu veljeensä, on ansainnut oikeuden tuomion; – Te olette kuulleet sanotuksi: 'Älä tee huorin.' Mutta minä sanon teille: jokainen, joka katsoo naista himoiten häntä, on jo sydämessään tehnyt huorin hänen kanssansa" (Matt. 5:21, 22, 27, 28). Tällä Jeesus tahtoo osoittaa, että kymmenen käskyn noudattaminen ei tarkoita vain sitä, että ulkonaisesti, muodollisesti pyrkii niitä noudattamaan. Se edellyttää koko elämän asenteiden muutosta, kaikkein salaisimpien ajatusten ja vaikuttimien puhdistamista Jumalan mielen mukaisiksi. Ilman sitä ihminen on jatkuvasti Jumalan silmissä lain rikkoja.

Kun syntejään katuva ihminen murtunein mielin etsii anteeksiantamusta Kristuksen sovitustyöhön vedoten, hän täten tunnustaa Jumalan lain velvoittavuuden. Ellei laki velvoittaisi, ei olisi rikkomustakaan, josta tarvittaisiin anteeksiantamusta. Jokainen, joka todella uskoo Kristukseen, Vapahtajanaan, syntiensä sovittajana, tunnustaa olevansa velvollinen noudattamaan Jumalan lakia. Paavali sanoo tämän näin: "Teemmekö siis lain mitättömäksi uskon kautta? Pois se! Vaan me vahvistamme lain" (Room. 3:31). Ihminen, joka ei pyri toteuttamaan Jumalan tahtoa elämässään, ei ole todella katunut syntejään eikä myöskään kokenut todellista anteeksiantamusta. Hänen "uskonsa" on petollista luulottelua. Jeesus ilmaisee vuorisaarnassaan tämän asian näin: "Ei jokainen, joka sanoo minulle: 'Herra, Herra!', pääse taivasten valtakuntaan, vaan se, joka tekee minun taivaallisen Isäni tahdon" (Matt. 7:21).

Vasta pyrkimys elää Jumalan tahdon mukaan opettaa syntejään katuvan ihmisen todella tuntemaan Jumalaa. Jeesus sanoi: " Jos joku tahtoo tehdä hänen tahtonsa, tulee hän tuntemaan, onko tämä oppi Jumalasta, vai puhunko minä omiani" (Joh. 7:17). Ja Johannes kirjoitti ensimmäisessä kirjeessään: "Ja hän on meidän syntiemme sovitus; eikä ainoastaan meidän, vaan myös koko maailman syntien. Ja siitä me tiedämme hänet tuntevamme, että pidämme hänen käskynsä. Joka sanoo: "Minä tunnen hänet", eikä pidä hänen käskyjänsä, se on valhettelija, ja totuus ei ole hänessä". (1. Joh. 2:3, 4). Mitä syvemmin opimme tuntemaan Jumalaa, hänen hyvyyttään ja luonteensa kauneutta, sitä syvemmin rakastamme häntä ja sitä syvemmin haluamme tulla hänen kaltaisekseen luonteeltamme, haluamme toteuttaa hänen tahtoaan elämässämme. "Rakkaus Jumalaan on se, että pidämme hänen käskynsä. Ja hänen käskynsä eivät ole raskaat" (1. Joh. 5:3). Tällainen ihminen murehtii syvästi erheitään ja heikkoa kristillistä vaellustaan – ei tuomion pelosta vaan koska hän rakastaa Jumalaa ja sellaisen elämän kauneutta, jonka periaatteet on esitetty kymmenen käskyn laissa.

Jumalan armo ja voima uskovan apuna

Vaikka kolmen enkelin sanoman julistajat tuntevat kutsumustehtävänsä korostaa Jumalan lain arvovaltaa ja sen merkittävyyttä jokaisen ihmisen kohdalla, tämä ei merkitse sitä, että he ajattelisivat ihmisen teoillaan ansaitsevan iankaikkisen elämän. Päinvastoin totesimme edellä kolmen enkelin sanoman olevan iankaikkinen evankeliumi, ilosanoma Kristuksen äärettömästä uhrista ja siitä, että syntejään katuva ihminen saa iankaikkisen elämän vain turvautumalla uskossa siihen armoon, joka hänelle on tarjolla Kristuksen sovitustyön perusteella: "Niin päätämme siis, että ihminen vanhurskautetaan uskon kautta, ilman lain tekoja" (Room. 3:28).

Ei kukaan, joka elää lähellä Jumalaa, voi ajatella omilla teoillaan, omalla hyvyydellään ansaitsevansa pääsyä Jumalan valtakuntaan. Aikaisemmin tehtyjen syntien paljous jo tekee tällaisen ajatuksen mahdottomaksi. Ja sille ihmiselle, joka elää lähellä Jumalaa, Pyhä Henki kirkastaa Jumalan pyhyyden, hänen luonteensa puhtauden ja kauneuden, hänen rakkautensa syvyyden niin mittaamattoman suurena ja korkeana, että tällaisesta ihmisestä karisee pois kaikki kuvitelmat omasta erinomaisuudestaan. Yhä syvemmin hän turvautuu pelastuksensa ainoana perustuksena Jumalan armoon ja hyvyyteen, joka ansaitsemattomana on kohdannut häntä Jeesuksessa Kristuksessa. Ja yhä syvemmin hän janoaa ja rukoilee omaan elämäänsä samaa elämän puhtautta, samaa itsensä kieltävää rakkauden henkeä, joka ilmeni Jeesuksen elämässä. Mutta sellaisena hän on myös väkevä Jumalassa.

Varoitus vääristä profeetoista

Jumala päättää siis työnsä täällä maailmassa suuressa Hengen voimassa. Sielunvihollinen tietää tämän, ja sen vuoksi hän koettaa synnyttää väärää herätystä, joka muistuttaa oikeata, johtaakseen ihmissieluja harhaan. Sen vuoksi jokaisen on syytä olla varovainen ja ottaa tarkoin vaarin siitä, mitä Raamattu opettaa oikeasta herätyksestä.

Jeesus esitti yhdeksi maailman lopun merkiksi väärien profeettojen esiintymisen: " Sillä vääriä kristuksia ja vääriä profeettoja nousee, ja he tekevät suuria tunnustekoja ja ihmeitä, niin että eksyttävät, jos mahdollista, valitutkin" (Matt. 24:24). Vuorisaarnassa Jeesus varoittaa vääristä profeetoista: "Kavahtakaa vääriä profeettoja" (Matt. 7:15). " Niin te siis tunnette heidät heidän hedelmistään. Ei jokainen, joka sanoo minulle: 'Herra, Herra!', pääse taivasten valtakuntaan, vaan se, joka tekee minun taivaallisen Isäni tahdon. Moni sanoo minulle sinä päivänä: 'Herra, Herra, emmekö me sinun nimesi kautta ennustaneet ja sinun nimesi kautta ajaneet ulos riivaajia ja sinun nimesi kautta tehneet monta voimallista tekoa?' Ja silloin minä lausun heille julki: 'Minä en ole koskaan teitä tuntenut; menkää pois minun tyköäni, te laittomuuden tekijät" (Matt. 7:20-23). Jeesus ei tunnusta kristillisyyttä, jossa vedotaan Herraan Kristukseen, mutta ei tehdä Jumalan tahtoa. Jeesus ei tunne profeettoja, jotka korostavat Herraa Jeesusta Kristusta, tekevät hänen nimessään suuria ihmeitä, ennustavat, vapauttavat riivaajien vallasta, parantavat sairaita, puhuvat kielillä ja tekevät monta voimallista tekoa, mutta väheksyvät Jumalan lakia.

Näin Jeesus esittää yksinkertaisen ja selvän tavan oikean ja väärän profeetan erottamiseksi: suhtautumisen Jumalan lakiin, kymmeneen käskyyn. Ihmeet eivät ole varma oikean profeetan tuntomerkki, eikä edes "Herra, Herra" sanominen. "Pysykää laissa ja todistuksissa. Elleivät he näin sano, ei heillä aamunkoittoa ole" (Jes. 8:20). Oikean profeetan opetus on kaikessa sopusoinnussa Raamatun ja Jumalan lain kanssa. Ellei näin ole, niin seurauksena on joutuminen pimeyteen.

12. Jeesuksen takaisintulo

Se kaaostila, mihin ihmiskunta on armon ajan päättymisen jälkeen joutunut, ei kestä kauan. Ihmisten mielettömyys päättyy siihen, että Jeesus tulee takaisin jumaluutensa koko voimassa, kunniassaan ja kirkkaudessaan. Se on jumalattomalle maailmalle kauhun hetki, mutta Jumalalle uskollisille se on lopullisen voiton ja vapautuksen hetki. Jeesus itse kertoi siitä suuressa profetiassaan maailman lopusta näin:

" Ja silloin Ihmisen Pojan merkki näkyy taivaalla, ja silloin kaikki maan sukukunnat parkuvat; ja he näkevät Ihmisen Pojan tulevan taivaan pilvien päällä suurella voimalla ja kirkkaudella. Ja hän lähettää enkelinsä suuren pasuunan pauhatessa, ja he kokoavat hänen valittunsa neljältä ilmalta, taivasten ääristä hamaan toisiin ääriin" (Matt. 24:30, 31).

Maailman julkisin tapahtuma

Raamatun mukaan Jeesuksen takaisintulo on maailman historian kaikkein julkisin tapahtuma. Kun Jeesus tuli ensimmäisen kerran ja syntyi maailmaan pieneksi seimen lapseksi, vain harvat totesivat tämän tapahtuman. Suuri maailma ei tiennyt siitä mitään. Jeesus tuli elämään kärsimysten miehen vaatimattoman osan. Hän "kielsi itsensä ja otti orjan muodon" lunastaakseen kärsimyksen, itsensä kieltäymyksen ja kuoleman kautta syyn alaiset. Mutta kun hän tulee toisen kerran, hän tulee kuningasten Kuninkaana ja herrain Herrana, täydessä majesteettisuudessaan ja voimassaan.

Jeesuksen takaisintulo on suuren julkisuuden asia. Kolmen enkelin sanomassa, jota on julistettu kaikkialla maailmassa, kaikkien kansojen keskuudessa, siihen on koetettu kiinnittää kaikkien ihmisten huomiota. Yhä lisäänty-vät luonnonmullistukset eri puolilla maailmaa ovat olleet edessä oleva suuren tapahtuman airuita. Tästä asiasta on puhuttu paljon kaikkialla.

Tästä huolimatta suuri maailma ei kuitenkaan ole tilan-teen tasalla, kun Jeesus tulee. Paavali kirjoittaa siitä näin: "Sillä itse te varsin hyvin tiedätte, että Herran päivä tulee niin kuin varas yöllä. Kun he sanovat: "Nyt on rauha, ei hätää mitään", silloin yllättää heidät yhtäkkiä turmio, niin kuin synnytyskipu raskaan vaimon, eivätkä he pääse pa-koon. Mutta te, veljet, ette ole pimeydessä, niin että se päivä voisi yllättää teidät niin kuin varas" (1. Tess. 5:2–4). Tämä tietämättömyys ei johdu siitä, etteikö heille olisi sii-tä puhuttu, vaan siitä, että he eivät ole halunneet sitä kuul-la eivätkä uskoa.

Mutta tämä päivä yllättää julkisuudellaan kaikki. Se sekä näkyy että kuuluu. Jeesus vertaa sitä salaman lei-mahdukseen. "Sillä niin kuin salama leimahtaa idästä ja näkyy hamaan länteen, niin on ihmisen Pojan tulemus" (Matt. 24:27). Kun salama leimahtaa kautta taivaan idäs-tä länteen, se kyllä huomataan. Se huomataan voimak-kaana valoilmiönä ja pelottavana jylinänä. Yhtä julkinen on Jeesuksen takaisintulo. Kaikki puheet Jeesuksen salai-sesta tulemuksesta ovat vailla raamatullista pohjaa. Päin-vastoin Jeesus varoittaa sellaiseen opetukseen uskomis-ta: " Jos silloin joku sanoo teille: 'Katso, täällä on Kristus', tahi: 'Tuolla', niin älkää uskoko. Katso, minä olen sen teille edeltä sanonut. Sen tähden, jos teille sanotaan: 'Katso, hän on erämaassa', niin älkää menkö sinne, tahi: 'Katso, hän on kammiossa', niin älkää uskoko" (Matt. 24:23, 25, 26).

Raamatun mukaan Kristus tulee niin julkisesti, ettei ku-kaan voi olla siitä epätietoinen, onko hän tullut vai ei. Hän tulee "pilvien päällä suurella voimalla ja kirkkaudella". Sil-loin kaikkien huomio kiinnittyy häneen. Kaikki kansakun-nat kaikkialla maailmassa seuraavat hänen tuloaan kau-hun vallassa. "Silloin kaikki maan sukukunnat parkuvat; ja he näkevät ihmisen Pojan tulevan" (Matt. 24:30). Maa vapisee Jumalan majesteettiuden läsnäolon voimasta. Vuoret ja saaret siirtyvät sijoiltaan. Kalliot halkeilevat ja suuria kallionlohkareita syöksyy alas rotkoihin. Suuret kaupungit loisteliaine rakennuksineen muuttuvat soraläjiksi. Tämän myllerryksen keskellä jumalattomat koettavat kätkeä kasvonsa Kristuksen kasvoilta, joiden läpitunkevaa katsetta he eivät voi kestää.

Se suuri pilvi, jolla Jeesus näyttää tulevan, osoittautuu valtaisaksi enkelijoukoksi, joka Kristuksen mukana lähestyy maata. "Heistäkin Eenok, Aadamista seitsemäs, on ennustanut, sanoen: "Katso, Herra tulee tuhannen tuhansine pyhinensä tuomitsemaan kaikkia ja rankaisemaan kaikkia jumalattomia kaikista heidän jumalattomista teoistansa, joita he jumalattomuudessaan ovat tehneet, ja kaikesta julkeasta, mitä nuo jumalattomat syntiset ovat häntä vastaan puhuneet" (Juud. 14,15). Koko taivas on täynnä loistavia olentoja Jeesuksen tullessa. Pasuunan soitolla he ylistävät Jumalan Pojan kunniaa, mikä soitto kantautuu valtavana pauhuna kauhun lamauttaman jumalattoman maailman korviin.

Jumalan omien vapautuksen hetki

Kristuksen takaisintulo merkitsee Jumalan omille lopullista vapautusta ja voittoa. Riemullisin katsein he seuraavat Kristuksen saapumista ja puhkeavat valtaisaan ylistyshuutoon: "Tämä on meidän Jumalamme, jota me odotimme meitä pelastamaan! Kun Jeesus saapuu, "hän lähettää enkelinsä suuren pasuunan pauhatessa ja he kokoavat hänen valittunsa neljältä ilmalta, taivasten ääristä hamaan toisiin ääriin" (Matt. 24:31).

Tämä ei koske vain elossa olevien Jumalan omien lopullista vapautusta. Jeesus itse sanoo: "Totisesti, totisesti minä sanon teille: aika tulee ja on jo, jolloin kuolleet kuulevat Jumalan Pojan äänen, ja jotka sen kuulevat, ne saavat elää. – Älkää ihmetelkö tätä, sillä hetki tulee, jolloin kaikki, jotka haudoissa ovat, kuulevat hänen äänensä ja tulevat esiin, ne, jotka ovat hyvää tehneet, elämän ylösnousemukseen, mutta ne, jotka ovat pahaa tehneet, tuomion ylösnousemukseen" (Joh. 5:25, 28, 29). Kristuksen takaisintulosta ja pelastettujen kokoamisesta Herran tykö Paavali kirjoittaa näin: " Me kehotamme teitä, veljet: nuhdelkaa kurittomia, rohkaiskaa alakuloisia, holhotkaa heikkoja, olkaa pitkämieliset kaikkia kohtaan. Katsokaa, ettei kukaan kosta kenellekään pahaa pahalla, vaan pyrkikää aina tekemään hyvää toinen toisellenne ja kaikille. Olkaa aina iloiset. Rukoilkaa lakkaamatta. (1. Tess. 4:15–17).

Tämä tapahtuma on Jumalan omille valtaisan riemun hetki. Se on heidän suuren kaipuunsa täyttymys. Kuolemattomuuteen puettuina he kohoavat hänen luokseen, jota he ovat rakastaneet enemmän kuin omaa henkeänsä. Nyt he kohtaavat hänet, joka heidät on lunastanut. Synti ja kuolema ovat iäksi poissa. Jokainen pelastettu säteilee Kristuksen luonteen kauneutta, hänen kirkkauttansa. Nyt on myös vihdoin toteutunut se lupaus, jonka Jeesus antoi opetuslapsilleen vähän ennen kärsimistään ja kuolemaansa: "Minun Isäni kodissa on monta asuinsijaa. Jos ei niin olisi, sanoisinko minä teille, että minä menen valmistamaan teille sijaa? Ja vaikka minä menen valmistamaan teille sijaa, tulen minä takaisin ja otan teidät tyköni, että tekin olisitte siellä, missä minä olen" (Joh. 14:2, 3).

Jumalattoman maailman tuho

Jumalattomalle maailmalle Kristuksen tulo on aivan toisenlainen. Niille, jotka ovat Jumalan arvovaltaa halveksineet, Kristus on kuluttava tuli. "Ja hänen suustaan lähtee terävä miekka, että hän sillä löisi kansoja. Ja hän on kaitseva heitä rautaisella valtikalla, ja hän polkee Kaikkivaltiaan Jumalan vihan kiivauden viinikuurnan".

Jo seitsemän viimeisen vitsauksen seurauksena menehtyy paljon niitä ihmisiä, joilla ei ole Jumalan suojaa. Samoin siinä hirveässä verenvuodatuksessa, joka syntyy, kun jumalattomat käyvät syyttäen toistensa kimppuun havaittuaan olevansa toivottomasti kadotettuja, kuolee paljon ihmisiä.

Mutta kaikkein pelottavin hetki on se, kun Jumalan arvovaltaa uhmanneet joutuvat kasvokkain Luojansa kanssa. Yksikään sielultaan saastainen ei voi kestää sitä hetkeä. Ilmestyskirja kuvaa symbolisen värikkäästi tämän tapahtuman: "Ja minä näin enkelin seisovan auringossa, ja hän huusi suurella äänellä sanoen kaikille keskitaivaalla lentäville linnuille: 'Tulkaa, kokoontukaa Jumalan suurelle aterialle syömään kuningasten lihaa ja sotapäällikköjen lihaa ja väkevien lihaa ja hevosten sekä niiden selässä istuvien lihaa ja kaikkien vapaitten ja orjien lihaa, sekä pienten että suurten.' – – Ja ne muut saivat surmansa hevosen selässä istuvan miekasta, joka lähti hänen suustaan; ja kaikki linnut tulivat ravituiksi heidän lihastansa" (Ilm. 19:17, 18, 21). Maapallo on Kristuksen takaisintulon jälkeen autio ja tyhjä. Kaikki pelastetut ovat nousseet Kristusta vastaan yläilmoihin ja ovat hänen kanssaan taivaissa. Jumalattomat ovat tuhoutuneet viimeisten vitsausten aikana ja Kristuksen tullessa noutamaan omansa. Koko eloton maa on kauheassa kunnossa hirveiden luonnonmullistusten jäljiltä. Ainoastaan Saatana enkeleineen liikkuu tämän hävitetyn, autioituneen maan päällä.

<table>
<tr><td>Jeesus tulee
takaisin</td><td>Pyhä kaupunki
laskeutuu</td></tr>
</table>

1 000 VUOTTA

Nykyinen aika	Vanhurskaat hallitsevat Kristuksen kanssa Saatana sidottu / maa autio	Uusi taivas ja uusi maa

Vanhurskaat nousevat taivaaseen	Jumalattomat kuolleet heräävät
Vanhurskaat saavat kuolemattomuuden	Jumalattomat hyökkäävät pyhää kaupunkia vastaan
Vanhurskaat kuolleet heräävät	Jumalattomat tuhotaan
Elävät jumalattomat kuolevat	
Jumalattomat kuolleet jäävät hautoihinsa	

13. Tuhatvuotiskausi

Tapahtumat tuhatvuotiskauden alussa

Taivaallisella tuomiolla ennen Kristuksen takaisintuloa ratkaistaan vain, kutka katsotaan arvollisiksi iankaikkiseen elämään ja pelastettujen perintöosaan Jumalan valtakunnassa. Kadotukseen joutuvien rangaistus heidän tekojensa perusteella määrätään vasta tämän jälkeen tuhatvuotiskauden aikana, jonka pelastetut viettävät taivaassa.

Tuhatvuotiskaudesta ja tapahtumista sen aikana kerrotaan Ilmestyskirjan 20. luvussa. Tämä luku on ainoa luku koko Raamatussa, jossa mainitaan kyseinen tuhannen vuoden aika (Ilm. 20:2, 3, 4, 5, 7) ja selostetaan sen tapahtumia yhtenä kokonaisuutena. Käsitykset tuhatvuotiskaudesta ovat tämän vuoksi rakennettava Ilmestyskirjan 20. luvun perustukselle. Mitään sellaista, joka on ristiriidassa tämän luvun kanssa, ei voi hyväksyä tuhatvuotiskauteen kuuluvaksi.

Tämä luku esittää, että tuhatvuotiskauden aloittaa vanhurskasten ylösnousemus. "Ja minä näin valtaistuimia, ja he istuivat niille, ja heille annettiin tuomiovalta; ja minä näin niiden sielut, jotka olivat teloitetut Jeesuksen todistuksen ja Jumalan sanan tähden, ja niiden, jotka eivät olleet kumartaneet petoa eikä sen kuvaa eivätkä ottaneet sen merkkiä otsaansa eikä käteensä; ja he virkosivat eloon ja hallitsivat Kristuksen kanssa tuhannen vuotta" (Ilm. 20:4). Vanhurskasten ylösnousemus taas tapahtuu Kristuksen takaisintulon yhteydessä, kun hän tulee noutamaan omansa luokseen. Kristuksen takaisintulo aloittaa siten tuhatvuotiskauden.

Edellä totesimme myös, että kaikki jumalattomat kuolevat Kristuksen tullessa. Maan päällä siten ei ole ainoatakaan elävää ihmistä, sillä jumalattomat pysyvät kuolleina koko tuhatvuotiskauden ajan. "muut kuolleet eivät vironneet eloon, ennen kuin ne tuhat vuotta ovat loppuun kuluneet" (Ilm. 20:5). Maapallo on siten täysin asumaton ja tyhjä, kuollut planeetta, tuhatvuotiskauden ajan. Ainoastaan saatana enkeleineen on tämän maan piirissä. Heiltä on pääsy muualle maailmankaikkeuteen jo aikaisemmin pidätetty, etteivät pääse lankeamattomien maailmojen asukkaita kiusaamaan (Ilm. 12:7–9, 12).

Saatana on siten sidottu olosuhteiden kahleilla tuhannen vuoden ajan. Ilmestyskirja kertoo sen näin: "Ja minä näin tulevan taivaasta alas enkelin, jolla oli syvyyden avain ja suuret kahleet kädessään. Ja hän otti kiinni lohikäärmeen, sen vanhan käärmeen, joka on perkele ja saatana, ja sitoi hänet tuhanneksi vuodeksi ja heitti hänet syvyyteen ja sulki ja lukitsi sen sinetillä hänen jälkeensä, ettei hän enää kansoja villitsisi, siihen asti kuin ne tuhat vuotta ovat loppuun kuluneet; sen jälkeen hänet pitää päästettämän irti vähäksi aikaa" (Ilm. 20:1–3).

Saatana heitettiin syvyyteen ja sidottiin tuhanneksi vuodeksi. Sana syvyys (kreikaksi abyssos) esiintyy myös luomiskertomuksessa. "Ja maa oli autio ja tyhjä, ja pimeys oli syvyyden päällä, ja Jumalan Henki liikkui vetten päällä" (1. Moos. 1:2). Ennen luomista, kun maa oli autio ja tyhjä eikä siellä ollut yhtään ihmistä, siitä käytetään nimitystä syvyys. Samaa nimitystä käytetään maasta tuhatvuotiskautena, kun maan päällä ei ole yhtään ihmistä ja se on autio ja tyhjä sekä vitsausten ja hävityksen runtelema. Saatana on tuhanneksi vuodeksi sidottu toimettomuuteen maan päälle, koska täällä ei ole yhtään ihmistä, joita hän voisi villitä ja muualle hänellä ei ole pääsyä.

Kadotettujen tuomio

Pelastetut ovat taivaassa tuhatvuotiskauden ajan tiettyä tarkoitusta varten. Ilmestyskirjan 20. luku esittää sen näin: "Ja minä näin valtaistuimia, ja he istuivat niille, ja heille annettiin tuomiovalta" (Ilm. 20:4). "Autuas ja pyhä on se, jolla on osa ensimmäisessä ylösnousemuksessa; heihin ei toisella kuolemalla ole valtaa, vaan he tulevat olemaan Jumalan ja Kristuksen pappeja ja hallitsevat hänen kanssaan ne tuhannen vuotta" (Ilm. 20:6). Keitä he tuomitsevat? "Vai ettekö tiedä, että pyhät tulevat maailman tuomitsemaan? Ja jos te tuomitsette maailman, niin ettekö kelpaa ratkaisemaan aivan vähäpätöisiä asioita? Ettekö tiedä, että me tulemme tuomitsemaan enkeleitä, emmekö sitten maallisia asioita?" (1. Kor. 6:2, 3).

Jumala on suuressa viisaudessaan nähnyt hyväksi, että pelastetut saavat osallistua kadotukseen joutuvien rangaistuksen määräämiseen. He saavat tutkia taivaan tarkkoja muistikirjoja, joihin on merkitty, miten Jumalan Pyhän Henkensä hellien vetoomusten kautta on kutsunut jokaista ihmistä lukuisia kertoja valitsemaan elämän tien. Taivas ei ole jättänyt mitään keinoa käyttämättä, jotta jokainen ihminen saisi runsaasti mahdollisuuksia pelastua. Omantunnon äänen kautta Pyhä Henki puhuu pakanoillekin. Jos he ottavat vaarin tästä valosta, niin heidät vanhurskautetaan, sillä heidän pelastuksestaan Jeesus on verellään maksanut äärettömän kalliin hinnan (Room. 2:12–16). Mutta näistä kirjoista on myös luettavissa, miten kadotukseen joutuvat ovat kerta toisensa jälkeen yhä uudelleen sulkeneet sydämensä Jumalan ääneltä. He ovat valinneet kadotuksen tien.

Maailmankaikkeuden jokainen järkevä olento tulee täysin vakuuttuneeksi, että ketään ei tuomita kadotukseen mielivaltaisesti, vaan että Jumalan tuomiot ovat oikeudenmukaiset ja vanhurskaat. Jumala ei voi pakottaa ketään valitsemaan elämän tietä. Hän vetää kaikkia puoleensa vain rakkauden sitein. Jumalan rakkautta, hyvyyttä ja oikeudenmukaisuutta ei voida enää koskaan saattaa epäilyn alaiseksi. Näin varmistetaan, että kapinamieli ja synti eivät enää koskaan ilmaannu missään koko maailmankaikkeudessa.

Ei uutta koetusaikaa

Ilmestyskirjan 20. luvussa ei viitata sanallakaan siihen,

että tuhannen vuoden aikana maailmaa evankelioitaisiin tai että silloin olisi vielä mahdollisuus tehdä parannus. Tällainen mielikuvituksellinen opetus on jyrkästi ristiriidassa Raamatun selvän sanoman kanssa. On suuri erehdys soveltaa tuhannen vuoden aikaan niitä kuvauksia, joissa kerrotaan tuhatvuotiskautta seuraavasta uudesti luodusta, uudesta maasta, pelastettujen loppumattomasta onnen, ilon ja rauhan valtakunnasta. Yhtä virheellistä on soveltaa tuhatvuotiskauteen niitä Israelille annettuja ehdollisia lupauksia, joissa ilmoitetaan, miten suurenmoinen tästä maailmasta olisi tullut, jos Israel olisi ollut kuuliainen Jumalalle ja täyttänyt sille annetun tehtävän olla maailman valona. On hirveä erehdys johtaa ihmisiä uskomaan, että tuhannen vuoden aikana voisi vielä olla mahdollista tehdä parannus ja ottaa vastaan pelastus. Raamattu korostaa aina tämän päivän ja tämän elämän merkitystä. Kuoleman jälkeen ei kenellekään anneta uutta armonaikaa, vaan sitten tulee tuomio.

Tapahtumat tuhatvuotiskauden lopussa

Kun tuhat vuotta on loppuun kulunut, herätetään jumalattomat kuolleista kuulemaan tuomionsa ja saamaan rangaistuksensa. ”Muut kuolleet eivät vironneet eloon, ennen kuin ne tuhat vuotta ovat loppuun kuluneet” (Ilm. 20:5). Raamatun mukaan on kaksi ylösnousemusta: vanhurskasten ylösnousemus Kristuksen tullessa takaisin ja vääräin ylösnousemus tuhannen vuoden kuluttua (Joh. 5:28, 29; Ap. t. 24:15). Vääräin ylösnousemuksessa nousee suunnaton kansanpaljous, monin verroin suurempi kuin vanhurskasten ylösnousemuksessa. Ilmestyskirja sanoo, että heidän lukunsa on kuin meren hiekkaa (Ilm. 20:8). Nyt näkyy selvästi, miten monet ovat valinneet kadotukseen johtavan lavean tien ja vain harvat ovat löytäneet kaidan elämän tien (Matt. 7:13, 14). Kun kaikkien aikojen jumalattomat on herätetty kuolleista, saatanalla on taas mahdollisuus villitä kansanjoukkoja. Hän on vapautunut vankeudestaan.

Tuhannen vuoden kuluttua myös Kristus laskeutuu pelastettujen kanssa Uudessa Jerusalemissa alas taivaasta maan päälle (Ilm. 21:2). Tämän kaupungin kirkkaus ja sanomaton kauneus lumoaa jumalattomien mielen. Heidän joukkonsa on monin verroin suurempi kuin kaupungissa oleva pelastettujen joukko. Paholaisen onnistuu saada jumalattomat vakuuttuneiksi, että heidän ylivoimansa turvin Uusi Jerusalem voitaisiin helposti valloittaa. He järjestäytyvät joukko-osastoiksi ja alkavat piirittää Uutta Jerusalemia. Niin on tultu ratkaisevaan hetkeen. Sisällä kaupungissa ovat pelastetut Kristuksen kanssa. Ulkopuolella paheitten turmelevat kadotukseen joutuvat. "lampaat ja vuohet" on selvästi erotettu toisistaan (Matt. 25:31–46).

Mikä valtava ero! Kaupungissa olevat ovat Kristuksen lunastustyön uudistamat. Heidän koko olemuksensa säteilee Kristuksen luoneen kauneutta. Syvä rauha ja onni, sisäinen puhtaus ja rakkaus sekä syvä kiitollisuus Jumalaa kohtaan näkyy kaikkien kasvoista. He ovat Kristuksen lunastustyön hedelmä. Kaupungin ulkopuolella olevien kasvoissa ja koko olemuksessa on synnin jäljet. Levottomuus, ristiriidat, katkeruus, viha ja intohimo ovat lyöneet ruman, vastenmielisen leimansa. Vihan ja katkeruuden kiihkoa täynnä he ovat valmiit mielettömään yritykseensä: valloittamaan saastunein käsin kaupunkia, jonka yllä lepää Jumalan kunnia ja voima.

Silloin tapahtuu jumalattomien tuomion täytäntöönpano. Kristus näyttäytyy kaiken yläpuolella jumaluutensa täydessä majesteettiudessa. Kaikkien silmät ovat kuin naulitut häneen, kun heille näytetään kullekin hänen oman elämänsä vaiheet ja synnit. Ilmestyskirja esittää sen näin: "Ja minä näin suuren, valkean valtaistuimen ja sillä istuvaisen, jonka kasvoja maa ja taivas pakenivat, eikä niille sijaa löytynyt. Ja minä näin kuolleet, suuret ja pienet, seisomassa valtaistuimen edessä, ja kirjat avattiin; ja avattiin toinen kirja, joka on elämän kirja; ja kuolleet tuomittiin sen perusteella, mitä kirjoihin oli kirjoitettu, tekojensa mukaan" (Ilm. 20:11, 12). Jokainen saa selvästi nähdä, miksi hän ei ole pelastettujen joukossa vaan saa osakseen iankaikkisen kadotuksen. Sen jälkeen "tuli lankaa taivaasta ja kuluttaa heidät" (Ilm. 20:9).

14. Lopullinen ratkaisu pahan ongelmaan

Sen johdosta, että jumalattomien rangaistuksesta ja lopullisesta kohtalosta on olemassa monenlaisia käsityksiä – lähinnä sellaisia, että he joutuisivat kärsimään helvetin tulessa loputtomasti – on syytä pysähtyä tarkastelemaan tätä ongelmaa raamatun valossa lähemmin.

Helvetti – missä ja milloin

Jumalattomien rangaistuksesta käytetään yleisesti nimitystä helvetti. Mikä tämä paikka Raamatun mukaan todellisuudessa on?

Totesimme edellä, että tuli lankeaa taivaasta ja kuluttaa jumalattomat. Tästä sanotaan edelleen, että "joka ei ollut elämän kirjaan kirjoitettu, se heitettiin tuliseen järveen" (Ilm. 20:15). "Tämä on toinen kuolema, tulinen järvi (Ilm. 20:14).

Tämän mukaan tästä maapallosta tulee helvetin tulimeri, kun tuli lankeaa taivaasta kuluttaakseen jumalattomat. Siinä kadotukseen joutuvat saavat rangaistuksensa tekojensa mukaan (Ilm. 20:13).

Ongelmallinen teksti tässä yhteydessä on Ilm. 20:10 loppuosa. Suomalaisen käännöksen mukaan se kuuluu: "heitä vaivataan yöt ja päivät aina ja iankaikkisesti". Tämä käännös nimittäin antaa vaikutelman loputtomasta piinasta. Näin ei todellisuudessa kuitenkaan ole. Alkutekstissä ei ole sanaa "aina" vaan sana "iankaikkinen" kaksi kertaa perätysten (eis tous aioonas toon aioonoon). Jumalattomien rangaistuksen aika eli aiooni päättyy. Rangaistuksen aika päättyy, kun pelastettujen loppumaton onnen aika eli aiooni alkaa. Jumalattomien rangaistuksen aika on iankaikkisuuksien eli aioonien risteyskohdassa, "iankaikkisuuksien iankaikkisuuksissa", kuten teksti on eräissä käännöksissä käännetty. Englantilaisessa käännöksessä tämä sanotaan: iankaikkisesta iankaikkiseen.

Onko helvetin tulijärvi loppumaton?

Kun Raamattu puhuu jumalattomien rangaistuksen kestosta helvetin tulijärvessä, niin käytetään sanoja aioon, aioonios, jotka kreikankielen sanakirjan mukaan tarkoittavat seuraavaa: loppumaton aika, aikakausi, ajanjakso, ikä, lyhyt aika, maailman aika. Suomenkielisessä Raamatussa sanat aioon, aioonios on käännetty sanalla iankaikkinen. Sana iankaikkinen ei sinänsä ratkaise kuinka pitkästä ajasta on kysymys. Se voi tarkoittaa loppumatonta aikaa mutta myös hyvin lyhyttä aikaa. Raamatun on itsensä selitettävä, miten pitkästä ajasta on kysymys, kun puhutaan jumalattomien rangaistuksen pituudesta helvetin tulessa.

Raamatun selvä periaate on, että helvetin tulijärvessä kukin saa tekojensa mukaan (Ilm. 20:13, 14).

Esimerkkejä iankaikkisesta

Raamatussa on useita esimerkkejä, että sana iankaikkinen tarkoittaa eripituisia aikoja. Me tiedämme, että Joona oli meripedon vatsassa kolme vuorokautta. Raamattu kertoo tästä seuraavasti: " Minä vajosin alas vuorten perustuksiin asti, maan salvat sulkeutuivat minun ylitseni iankaikkisesti. Mutta sinä nostit minun henkeni ylös haudasta, Herra, minun Jumalani" (Joona 2:7). Iankaikkisuus kesti Joonaan tapauksessa kolme vuorokautta. 3. Moos. 25:46 luemme: "Ja jättäkää ne jälkeenne perinnöksi lapsillenne, pysyväksi perintöomaisuudeksi; niitä saatte pitää ainaisesti orjinanne. Mutta veljistänne, israelilaisista, älä ketään kovuudella hallitse". Ihmistä voi pitää orjana enintään hänen koko elämänsä ajan. Ainaisesti tarkoittaa siis tässä elämän pituista aikaa. Jes. 32:14 kerrotaan, että Ofel oli hylätty, jäänyt luoliksi ja laumojen laitumeksi iankaikkisesti. Mutta seuraavassa jakeessa jatketaan: "Näin on hamaan siihen asti, kunnes meidän päällemme vuodatetaan Henki korkeudesta. Silloin erämaa muuttuu puutarhaksi". Juuda mainitsee kirjeessään Sodoman ja Gomorran tuhosta seuraavaa: "– – samoin kuin Sodoma ja Gomorra ja niiden ympärillä olevat kaupungit, jotka samalla tavalla kuin nekin harjoittivat haureutta ja eksyivät luonnottomiin lihanhimoihin, ovat varoittavana esimerkkinä, kärsiessään iankaikkisen tulen rangaistusta" (Juud. 7). Tämän mukaan Sodoman ja Gomorran hävitti iankaikkinen tuli, mutta se kesti vain lyhyen ajan. Se tuli hävitti kaupungit jäljettömiin. Iankaikkisuus päättyi hengen vuodatukseen. Nämä esimerkit osoittavat, että iankaikkinen voi tarkoittaa myös päättyvää aikaa. Uudessa testamentissa esiintyvät myös sanat "aei" ja "pantote", jotka merkitsevät "aina", mutta niitä ei kertaakaan käytetä, kun puhutaan jumalattomien vaivan kestosta.

Tuli kuluttaa heidät

Raamattu kertoo selvästi, miten käy jumalattomille, jotka joutuvat helvetin iankaikkiseen, sammumattomaan tuleen. "mutta tuli lankeaa taivaasta ja kuluttaa heidät" (Ilm. 20:9). Mitä jää jäljelle niistä, jotka sammumaton tuli kuluttaa. Vain tuhkaa. Malakia esittää kirjassaan tämän saman asian hyvin selvästi ja yksinkertaisesti: "Sillä katso: se päivä on tuleva, joka palaa kuin pätsi. Ja kaikki julkeat ja kaikki, jotka tekevät sitä, mikä jumalatonta on, ovat oljenkorsia; ja heidät polttaa se päivä, joka tuleva on, sanoo Herra Sebaot, niin ettei se jätä heistä juurta eikä oksaa. Mutta – – te käytte ulos ja hypitte kuin syöttövasikat ja tallaatte jumalattomat; sillä he tulevat tomuksi teidän jalkapohjienne alle sinä päivänä, jonka minä teen, sanoo Herra Sebaot" (Mal. 4:1–3). Jumalattomia verrataan puuhun, jossa on juuret ja oksat. Kanto juurineen, kaiken pahan alku, saatana, saa muita kovemman rangaistuksen. Ohuet oksat palavat muutamassa silmänräpäyksessä ja paksut oksat palavat kauimmin. Kukin saa tekojensa mukaan. Lopputulos on kuitenkin selvä: "he tulevat tomuksi teidän jalkapohjienne alle".

Toinen kuolema helvetissä

Jumalattomien lopullinen rangaistus, kun he ensin ovat kärsineet helvetin tulessa tekojensa mukaan, on toinen kuolema (Ilm. 20:14). Room. 6:23 luemme: "Sillä synnin palkka on kuolema, mutta Jumalan armolahja on iankaikkinen elämä". Raamattu ei sano, että synnin palkka on iankaikkinen elämä helvetin tulijärvessä vaan kuolema.

Jumalattomien rangaistuksesta sanotaan edelleen: "Mutta luopuneet hukkuvat kaikki ja jumalattomien tulevaisuus leikataan pois" (Ps. 37:38). Edelleen luemme jumalattomista, että he ovat lopulta "niin kuin ei heitä olisi ollutkaan" (Obadja 1:15, 16).

On hyvin epäjohdonmukaista ajatella, että rakastava Jumala rankaisisi tämän lyhyen elämän pahoista teoista helvetin tulella vuosituhansista toiseen loputtomasti. Raamatun mukaan jumalattomat saavat rangaistuksensa helvetin tulijärvessä kukin tekojensa mukaan. Lopputulos on "toinen kuolema", "tuli kuluttaa heidät", "he tulevat tomuksi". "heidän tulevaisuutensa leikataan pois", "he ovat niin kuin heitä ei olisi ollutkaan". Jumalattomien lopullinen rangaistus on täydellinen hävitys, tyhjäksi tekeminen. Jumalattomien toinen kuolema on kuitenkin seuraukseltaan yhtä loppumaton, iankaikkinen rangaistus kuin pelastettujen palkintona on loppumaton iankaikkinen elämä. Ylösnousemusta, paluuta elämään ei jumalattomilla enää ole. He ovat ikuisiksi ajoiksi lakanneet olemasta.

Jeesuksen kuollessa ristillä oli pahan kohtalo sinetöity lopullisesti. Kauheinta tuskaa Jeesukselle aiheutti ristillä tunne, että synnit, joita hän meidän puolestamme kantoi, erottavat hänet lopullisesti rakastavasta hyvästä Jumalasta. Jeesus kärsi tätä helvetin tuskaa, jotta kenenkään meistä ei tarvitsisi koskaan kokea sitä, vaan että me saisimme iankaikkisen elämän uskon kautta häneen. Jumalattomien rangaistuksessa kauheinta ei ole palaminen tulessa, vaan tietoisuus loppumattoman onnen menetyksestä ja ikuinen ero rakastavasta Jumalasta.

Miksi emme nyt, kun vielä on armon aika, ottaisi vastaan pelastusta, josta Jeesus on maksanut äärettömän kalliin hinnan, jotta me saisimme iankaikkisen elämän. elämän, joka Jeesuksella on, ja jotta kenenkään meistä ei tarvitsisi kokea iankaikkisen kadotuksen tuskaa, jonka Jeesus on kärsinyt meidän puolestamme.

15. Uusi maa – pelastettujen ikuinen koti

Raamatun ihana sanoma on, että kun viimeinenkin synnintekijä on hävitetty, Jumala luo tämän maailman uudeksi pelastettujen kodiksi. "Ja minä näin uuden taivaan ja uuden maan; sillä ensimmäinen taivas ja ensimmäinen maa ovat kadonneet, eikä merta enää ole" (Ilm. 21:1). Kaikki synnin kauhut, suru ja kärsimys, on iäksi pyyhitty pois. Syvä onni ja rauha, tyytyväisyys ja elämän ilo sekä kiitollisuus Jumalaa kohtaan täyttää jokaisen ihmisen sielun siinä sanoin kuvaamattoman kauniissa maassa, jossa lunastetut saavat iäti elää. "Ja kaikkien luotujen, jotka ovat taivaassa ja maan päällä ja maan alla ja meren päällä, ja kaikkien niissä olevain minä kuulin sanovan: "Hänelle, joka valtaistuimella istuu, ja Karitsalle ylistys ja kunnia ja kirkkaus ja valta aina ja iankaikkisesti!" (Ilm. 5:13). On suurenmoista, että koittaa aika, jolloin jokainen luotu koko maailmankaikkeudessa ylistää Karitsaa, Jeesusta Kristusta.

Ihmeellisintä kaikessa on, että taivas on antanut Jeesuksen Kristuksen ihmiskunnalle ikuisiksi ajoiksi. Jeesus tulee aina olemaan Ihmisen Poika ja elämään ihmisten keskellä uudessa maassa. Lunastustyö on liittänyt hänet ihmissukuun ikuisiksi ajoiksi. Koska Jumala on yhtä Kristuksen kanssa, tulee Isä Jumalakin olemaan ihmisten keskellä uudessa maassa. "Ja minä kuulin valtaistuimen luota voimakkaan äänen, joka sanoi: "Katso, Jumalan asuinsija ihmisten keskellä! Hän asuu heidän luonaan, ja heistä tulee hänen kansansa. Jumala itse on heidän luonaan, ja hän pyyhkii heidän silmistään joka ainoan kyyneleen. Kuolemaa ei enää ole, ei murhetta, valitusta eikä vaivaa, sillä kaikki entinen on kadonnut" (Ilm. 21:3, 4). Tämän ajan ihanuutta ei ihmismieli pysty vielä tajuamaan.

Jesaja kuvaa uutta maata seuraavin sanoin: "Sillä katso, minä luon uudet taivaat ja uuden maan. Entisiä ei enää muisteta, eivätkä ne enää ajatukseen astu; vaan te saatte iloita ja riemuita iankaikkisesti." "He rakentavat taloja ja asuvat niissä, he istuttavat viinitarhoja ja syövät niiden hedelmiä." "Susi ja lammas käyvät yhdessä laitumella, ja leijona syö rehua niinkuin raavas" (Jes. 65:17, 18, 21, 25). Uudessa maassa vallitsee täydellinen sopusointu. Sillä jokaisella on mitä mielenkiintoisinta toimintaa.

"Ja hän näytti minulle elämän veden virran, joka kirkkaana kuin kristalli juoksi Jumalan ja Karitsan valtaistuimesta. Keskellä sen katua ja virran molemmilla puolilla oli elämän puu, joka kantoi kahdettoista hedelmät, antaen joka kuukausi hedelmänsä" (Ilm. 22:1, 2). On suurenmoista saada kokoontua joka kuukausi Jumalan ja Karitsan valtaistuimen luo juomaan elämän vettä ja syömään elämän puun hedelmiä. Uudessa maassa kokoonnutaan myös joka sapatti jumalanpalvelukseen. "Niin kuin uudet taivaat ja uusi maa, jotka minä teen, pysyvät minun kasvojeni edessä, sanoo Herra, niin pysyy teidän siemenenne ja teidän nimenne. Joka kuukausi uudenkuun päivänä ja joka viikko sapattina tulee kaikki liha kumartaen rukoilemaan minua, sanoo Herra" (Jes. 66:22, 23). On suuri etuoikeus jo tässä maailmassa saada kokoontua Herran pyhänä päivänä tutkimaan Jumalan sanasta hänen ihmeellisiä tekojaan. Verrattomasti suurenmoisempaa on saada kokoontua uudessa maassa joka sapatti yhdessä kaikkien aikojen pelastettujen kanssa kiittämään ja ylistämään Jumalaa ja Jeesuksen Kristuksen, maailmankaikkeuden parhaan opettajan, johdolla tutkia Jumalan äärettömiä tekoja meidän hyväksemme.

Parasta uudessa maassa on siellä vallitseva rakkauden ilmapiiri. Nykyisessä maailmassa rakkauden puute tekee rikkaimmankin kodin kärsimysten paikaksi. Keskinäinen rakkaus, joka aina kasvaa ja syvenee, tekee taivaan pelas-

tuneille mitä suloisimmaksi kodiksi. Vilkkainkaan mieliku-
vitus ei pysty ajattelemaan, miten ihmeellinen on pelastet-
tujen koti.

Kirjassa "Suuri taistelu" Ellen G White piirtää pelas-
tettujen elämästä uudessa maassa suurenmoisen kuvan:
"Rakkautta ja myötätuntoa, jotka Jumala itse on sieluun
istuttanut, voidaan siellä osoittaa mitä aidoimmalla ja su-
loisimmalla tavalla. – – siellä tulevat kuolemattomat olen-
not ehtymättömällä ihastuksella tutkistelemaan luovan
voiman ihmeitä ja lunastavan rakkauden salaisuuksia. Jo-
kaisen sielun voimat kasvavat ja jokaisen kyvyt lisäänty-
vät. Tiedon hankkiminen ei väsytä eikä uuvuta voimia.
Siellä voidaan viedä perille mitä suurenmoisimpia yrityk-
siä, siellä toteutuvat ylevimmät toiveet ja siellä onnistuvat
korkeimmatkin pyrkimykset; ja yhä kohoaa uusia korke-
uksia saavutettaviksi ja uusia tarkoitusperiä hengen, sie-
lun ja ruumiin voimien elvyttämiseksi.

Kaikki maailmankaikkeuden rikkaudet ovat pelastettu-
jen vapaasti tutkittavina. Kuolevaisuuden kahleista vapaa-
na he lentävät väsymättä kaukaisiin maailmoihin – maail-
moihin, jotka värisivät surusta, kun katselivat ihmiskun-
nan kurjuutta, ja kaikuivat ilolauluista, kun saivat tiedon
jonkun sielun pelastumisesta. Sanomattomalla ihastuk-
sella maan lapset tutustuvat lankeamattomien olentojen
iloon ja viisauteen. He osallistuvat tiedon ja viisauden aar-
teista, jotka on saavutettu pitkien aikakausien kuluessa
tutkimalla Jumalan töitä. – –

Ikuisuuden vuosien vieriessä tulee esiin yhä runsaam-
min ja yhä kirkkaampia ilmestyksiä Jumalasta ja Kristuk-
sesta. Tiedon karttuessa lisääntyvät myös rakkaus, kun–
nioitus ja onni. Mitä paremmin ihmiset oppivat tuntemaan
Jumalaa, sitä enemmän he ihailevat hänen luonnettaan.
Kun Jeesus avaa heidän eteensä lunastuksen rikkaudet ja
ihmeelliset saavutukset suuressa taistelussa saatanaa vas-
taan, lunastettujen sydämet täyttyvät yhä palavammalla
rakkaudella, ja yhä ihastuneimpina he helähdyttävät kul-
taharppujaan enkelijoukon, luvultaan kymmenentuhatta

kertaa kymmenentuhatta ja tuhat kertaa tuhat, yhdistäessään äänensä mahtavaan ylistyslauluun.

Suuri taistelu on päättynyt. Syntiä ja syntisiä ei enää ole. Koko maailmankaikkeus on puhdas. Sama sopusoinnun ja ilon sykintä tuntuu läpi koko suuren luomakunnan. Hänestä, joka on kaiken luonut, virtaa elämää, valoa ja iloa rajattoman avaruuden kaikkiin maailmoihin. Pienimmästä atomista suurimpaan maailman kaikki oliot, elolliset ja elottomat, julistavat hämmentämättömässä kauneudessaan ja täydellisessä ilossaan, että Jumala on rakkaus" (Suuri taistelu, s. 654–655).

16. Ratkaisun aika

Me elämme ajassa, joka vaatii jokaiselta meistä henkilökohtaisesti kiireellisiä ja mitä tärkeimpiä ratkaisuja. Maailma on nopeasti lähestymässä lopullisen ratkaisun aikaa. Jumala on sanassaan selvästi esittänyt mikä on oikea ratkaisu.

Jumala on mitä voimakkaimmalla tavalla osoittanut Jeesuksen Kristuksen elämällä ja kuolemalla miten rajattomasti hän rakastaa jokaista meistä. Jumala ei lähettänyt Jeesusta maailmaa tuomitsemaan, vaan pelastamaan. Jeesus sanoi: "Minä olen tullut, että heillä olisi elämä ja olisi yltäkylläisyys" (Joh. 10:10). Tämän maailman pimein hetki on juuri alkamassa. Jeesuksen ansioihin ja häneen armoonsa turvautuvalla ei kuitenkaan ole mitään pelättävää. Hän tietää, että pimeintäkin yötä seuraa mitä ihanin aamun koitto.

Vielä tänään meidän Lunastajamme haluaa vakuuttaa jokaiselle meistä: "Katso nyt on otollinen aika, katso nyt on pelastuksen päivä" (2. Kor. 6:2). "Tänä päivänä, jos te kuulette hänen äänensä, älkää paaduttako sydäntänne" (Hepr. 3:8). Jumala haluaa mitä suurimmalla hellyydellä ja rakkaudella sanoa jokaiselle ihmiselle: "Minä olen pannut sinun eteesi elämän ja kuoleman, siunauksen ja kirouksen. Niin valitse siis elämä, että sinä ja sinun jälkeläisesi eläisitte" (5. Moos. 30:19). Jumala ei pakota ketään. Hän vetää meitä puoleensa vain rakkauden sitein. Jumala on jo valinnut meidät. Äärettömän kallis hinta jokaisen pelastuksesta on jo maksettu. Jumala tyhjensi kaikki taivaan aarteet antamalla rakkaan Poikansa pimeään maailmaan meidän tähtemme.

Miksi emme heti valitsisi elämän tietä. Jeesus lupaa antaa meille voimaa hänen tahtonsa tietä vaeltamiseen. Hän haluaa kulkea koko tien kanssamme. Lunastajamme vakuuttaa: "Älä pelkää, sillä minä olen sinun kanssasi; älä arkana pälyile, sillä minä olen sinun Jumalasi; minä vahvistan sinua, minä autan sinua, minä tuen sinua vanhurskauteni oikealla kädellä" (Jes. 41:10). Kun me valitsemme elämän tien, takaa Jeesus onnellisen lopputuloksen. Hän antaa meille onnellisen elämän tässä ajassa ja kerran loppumattoman ja mitä suurenmoisimman elämän taivaan kodissa.

Edellä esitetyn perusteella ei ole vaikeata ratkaista, mikä on Raamatun totuus, mikä on Jumalan tahto kaikkien ihmisten suhteen. Jumala kehottaa: Ota vastaan iankaikkinen evankeliumi, ilosanoma, jota on julistettu maailman alusta asti. Älä paaduta sydäntäsi nyt kun vielä on otollinen hetki ja pelastuksen päivä. Nyt on vielä mahdollisuus nöyrtyä ja antaa Jumalalle kunnia ja kumartaa kaiken Luojaa, Jeesusta Kristusta.

Kaikki kristityt, Jumalan kansa kaikissa seurakunnissa, liittykäämme yhteen julistamaan Raamatun koko totuutta Jeesuksessa Kristuksessa. "Ja Henki ja morsian sanovat: "Tule!" Ja joka kuulee, sanokoon: "Tule!" Ja joka janoaa, tulkoon, ja joka tahtoo, ottakoon elämän vettä lahjaksi" (Ilm. 22:17).

Hyvä lukija

Luettuasi tämän julkaisun monet uskonnolliset kysymykset ovat saattaneet jäädä askarruttamaan mieltäsi. Voit siinä tapauksessa ottaa yhteyttä Media7 Raamattuopistoon ja paneutua kristityn elämää ja tulevaisuutta koskeviin kysymyksiin kirjekurssien kautta. Ensimmäiset opintovihot saat paluupostissa. Kurssi tarjotaan maksuttomasti ilman sitoumuksia. Valitse aluksi yksi seuraavista kursseista:

Maailman Valo.
25 opintovihkoa Jeesuksen elämästä ja opetuksista.

Löytöjä Raamatusta.
26 opintovihkoa. Raamatun vastauksia uskon ja elämän tärkeimpiin kysymyksiin.

Ilmestyskirja avautuu.
16 opintovihkoa. Raamatun viimeisen kirjan näyt avattuna.

Yhteystiedot
Media7 Raamattuopisto,
PL 200, 00121 Helsinki
Puh. 040 020 0770
www.media7.fi
raamattuopisto@media7.fi